La Congiura Di Gio. Luigi Fiesco Des Critta Da Lorenzo Capelloni Ed Illustrata Con Note E Documenti Da Agostino Olivieri

Lorenzo Capelloni

LA CONGIURA

DI

GIO. LUIGI FIESCO

DESCRITTA

DA LORENZO CAPELLONI

ED

ILLUSTRATA CON NOTE E DOCUMENTI

DA

AGOSTINO OLIVIERI

GENOVA

PRESSO LUIGI BEUF LIBRAJO STRADA NUOVISSIMA N.º 57

1858

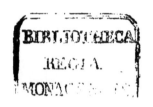
Tip. del R. I. de' Sordo-Muti

INTRODUZIONE

—

Chi si fa a meditare con imparzialità la storia genovese dalle prime notizie, che ci tramandò il Caffaro sino all'epoca in che la potente Repubblica cessò di esistere, non può a meno di ravvisare che le discordie civili, e la sete ardente di dominio, che divorava non pochi, frutto d'invidia, fu causa costante delle sventure, che in ogni tempo colsero la Liguria. Uniti i genovesi seppero resistere al potere di Barbarossa, che le più cospicue città d'Italia invadeva, recarono aiuto a potenti monarchi ed a popoli bellicosi, ed inalberarono il loro stendardo nei più lontani lidi dell'Asia; divisi il duro giogo soffrirono di Roberto di Napoli, dei Reali di Francia, degli Sforza. E mentre un governo forte, stabile, compatto, unito, i confini della Veneta Repubblica dalle lagune dell'Adriatico estendeva alle porte di Milano; e mentre all'esordire del secolo XVI Venezia donna di sè era annoverata tra gli Stati più potenti di Europa, Genova dilaniata dai suoi figli languiva suddita di Francia. Nè trasportando idee presenti a tempi lontani altri avvisi i cittadini in quelle lotte impegnati per conseguire libertà maggiore, da una fazione contesa, dall'altra bramata. Se pur ciò fosse, noi posteri riprovar dovremmo antenati, che mossi da lodevole fine ridussero la patria in servaggio, e ci tramandarono luttuose memorie di schiavitù. Ma chi ha pur leggiera nozione della storia del tempo, sa bene qual premio di lor nimistà aspettassero quelle fazioni. L'una all'altra volea sovrastare. Adorni e Fregosi non di libertà contendeano, ma di comando. Il popolo, che pur versava il suo sangue, e le sostanze sagrificava, vincessero gli uni o gli altri, serviva. I Grimaldi, ed i Fieschi, che per antiche memorie tenevansi guelfi, postergavano le tradizioni alla brama di presente dominio, ed univansi agli Adorni ghibellini; ed i Doria, e gli Spinola ghibellini sperando utilità maggiore, seguivano le parti dei Fregosi guelfi. Tutto era disordine e l'ambizione di dominio ogn'idea confondea. Se per un momento acquetavansi le ire, spenti gli sdegni, vergognavano tutti di loro pazzie, ma indarno, che niuno ebbe mai forza di ridurre a tal governo la patria, che cessata ogni gara, bastasse a salvarne l'indipendenza, e le desse forza a resistere ad interni ed esterni nemici.

Ottaviano Fregoso lo tentava nel 1521, e sebbene i dodici riformatori da lui creati a nulla riuscissero, la posterità deve essere riconoscente a chi il primo preparava il terreno per altri più di lui fortunati. Le grandi mutazioni di stato non compionsi in un atto solo; nè chi le inizia ha gloria minore di chi l'eseguisce. Andrea D'Oria ebbe tal vanto nel 1528, e Genova ottenne da lui tali leggi, che per quasi tre secoli la mantennero illesa. Le mutate vicende politiche, le nuove vie aperte al commercio ed alla navigazione, il diverso ordinamento degli Stati, la variata divisione dei territorii non permisero che Genova l'antica gloria riavesse; ma se nei secoli XVI, XVII, XVIII, Pera, e Caffa non ricevevano più leggi dall'Appennino ligustico, un Luigi XII di Francia non cavalcava più insultando le vie della Regina del Mediterraneo.

Il progresso di tre secoli fa forse desiderare oggi a qualcuno maggiore libertà in quegli statuti, che il Doria non seppe imprimervi. Ma chi vuole portar giudizio dei fatti deve coi tempi confrontarli, considerare le circostanze in che avvennero, e se trattasi di politiche costituzioni, basta indagare, se riescono allo scopo cui mirano. Doria faceva leggi pei contemporanei che laceravansi per bramosia di comando, e attutiva le ire; le faceva sotto l'ombra dell'imperator Carlo V, che distruggendo la libertà di Firenze, a Genova la concedea per amor del Doria; le faceva per sottrarre la patria alla servitù francese, che l'opprimeva (1). Tai frutti ei ottenne, ed i suoi contemporanei unanimi lo salutarono *padre e conservator della patria*; giudizio per noi posteri, venerando. Se stimolo di ambizione, di grandezza per sè e per i suoi avesse punto per un istante quell'animo grande, e la brama di comando coi suoi colori abbaglianti avesse in lui oscurato l'amor di patria, chi l'avrebbe conteso a colui che sedea arbitro delle forze e del cuore di Carlo V? Nè lo spirito di casta potea aver sede in un cuore sordo ad ogni libidine d'individuale vantaggio. Ben a ragione esclama il più venerando degli storici genovesi moderni (2): che quantunque impossibil non sia amar la patria, quanto l'amò Andrea D'Oria, non è ancora avvenuto, che altri, liberatore e padre ne fosse, con tanti incentivi a divenirne tiranno.

Tiranno volea rendersene quel Gian Luigi Fieschi, che i benefizii dal D'Oria ricevuti, ed i doveri di cittadino obbliando, contro il D'Oria e la patria congiurava nel 1547. Stolto attentato, e stoltamente condotto; che se cielo e terra uniti non ne ispegnevano in tempo l'autore, gli annali di Genova registrerebbero sotto quell'anno, le pagine più luttuose della sua storia.

A Gian Luigi dal nascere stanno schierate innanzi le tristi immagini di Gian Luigi suo avo, di Carlo, Gian Antonio, Scipione ed Ibleto suoi antenati, che la grandezza loro alla potenza e libertà della patria anteposero. I Fieschi tra i nobili genovesi furono i soli, che in ogni tempo osarono aspirare al principato. La madre di Gian Luigi, di casa Rovere, sin dai primi anni va instillando in quel cor giovinetto l'ambizione e il desiderio di

(1) Riservo ad altro mio lavoro l'indagare se il Doria potesse scuotere il giogo francese, senza cercare la protezione spagnuola, e se questa a Genova riuscisse perniciosa specialmente nel secolo XVI e nel XVII.

(2) Girolamo Serra. — Discorso IV.

possanza ; l' abbassamento di casa Fieschi, le lotte sostenute colla Repubblica in tempi migliori gli va ricordando, e l' esorta a ritornare in onore non la patria, ma l' illustre casato. La congiura di Catilina, ed il principe di Macchiavelli sono i libri da lui nella pubertà prediletti, come il Bonfadio attesta. S' ammoglia ad Eleonora dei principi Cibo, renitente la madre, che nel connubio del figlio vede nuova cagione di domestica ristrettezza. Roma e Francia lo circuiscono maturo di senno, e con volpine arti piaggiandolo, tentano cattivarne l' animo. A fine diverso intendono, ma l' una e l' altra aguzza in lui la sete di grandezza, e sotto colore di deprimere il D' Oria gli promettono la signoria della patria. Ambe odiano il Fieschi, ma più di lui che disprezzano debole, esecrano il D' Oria potente, ed in quello veggono strumento atto a vendicarsi di questo. La Liguria è preda involata alla Francia, che vuol riacquistarla; è agli Stati del Farnese troppo vicina, perchè sfugga agli occhi ed all' astuzia di chi lo fe' signor di Piacenza.

A questi consiglieri o meglio ingannatori un terzo si unisce genovese e plebeo, che sotto l' ombra del Fieschi vuol ergersi a sconosciuta grandezza.

Con tali auspici, e motori siffatti è chiaro il carattere della congiura di Gian Luigi. Seguace non ha che gente mercenaria, sorprende gli amici, e non tutti lo seguono, ed i pochi perchè minacciati di morte. Morto lui, il popolo che nulla ne sperava, non commovesi; i suoi vanno raminghi, nè asilo ritrovano che nelle montagne. Impopolare è la congiura, e tutti la riguardano come sforzo impotente d' animo ambizioso di dominio non meritato.

Il Bonfadio, che i fatti coi proprii occhi osservò, narrando gli sforzi di *Gerolamo Fieschi* per eccitare il popolo alla rivolta, conosciuta la morte del fratello, a chiare note ci esprime quanto Genova l' abborrisse. « Cominciò egli a correre per la città, e
» per i consigli già tra loro passati sperando di poter agevol-
» mente conciliarsi gli animi dei poveri e degl' ignoranti grida
» *viva popolo e libertà*; ma in vano l' uno e l' altro : perciocc-
» chè nè il popolo come quello, che per la concordia di molti

» anni era unito in un solo ordine, il quale reggeva la Repub-
» blica ; nè la libertà, come che benissimo prevedesse, che sotto
» specie di libertà sarebbe ridotto in servitù, risposero cosa
» alcuna ».

Nè diversi giudizii sulla congiura portarono il Foglietta, il
Mascardi, il Campanaccio, e l'autore di essa dipinsero qual
nuovo Catilina.

A queste testimonianze io ho creduto utile aggiungere quella
di Lorenzo Capelloni che contemporaneo, una minuta relazione
ci lasciò dei fatti del Fiesco. Io la tolsi dal codice B, II, 14
della Biblioteca Universitaria, che la ebbe per gentilezza del Prof.
Luciano Scarabelli. Egli apprezzatore critico e giusto del merito
degli scrittori, ed indefesso promotore di ogni utile opera, pubblicò a Torino nella Biblioteca popolare del Pomba a comple-
mento della Storia del 1547 del Porzio, la relazione, che della
Congiura di Giulio Cibo scrisse il Capelloni , ed avvertì il
pubblico aver lasciato lo stesso autore narrazioni distinte della
congiura del Fiesco, e dell' altra contro Pier Luigi Farnese. Altri darà fuori quest' ultima, ch' è breve e di lieve importanza,
il pubblico s' abbia da me la prima.

Il Capelloni è applaudito scrittore altresì di bellissimi ritratti
storici cavati dal tempo, che di poco il precesse, e da quello
in che pienamente visse. Fu di Novi, ed assistè nel 1576 al
Consiglio dei 400 che si tenne in Casale. Più non sappiamo
della vita di lui, che pur fu dei migliori tra i liguri.

Io posi a confronto il codice della Biblioteca con altro esem-
plare della relazione, ch' è del Convento di S. Maria di Castello,
ed un terzo che ne ha il sig. Avv. Francesco Ansaldo, che gentilmente mel favorì. Alcuni documenti aggiunsi tolti dai RR. Archivi di questo Ducato, e li ebbi dalla cortesia dell' Ispettore
di essi Sig. Cav. Avv. Marcello Cepollina. Questi aggiungono
peso alla relazione del Capelloni. E parmi che con tal pubblica-
zione nulla resti di oscuro sui fini, che indussero il Fieschi a
congiurare contro la patria.

Oggi non sarebbero opportuni i provvedimenti di un' Andrea
D' Oria, nè forse l' ingegno supplirebbe ai bisogni di una patria,

ma come il D'Oria è giudicabile nei suoi dì, così ci possiamo tuttavia augurare che dei D'Oria fatti secondo i tempi, abbiasi ogni terra valente; di Fieschi quali il Gian Luigi è grande sventura avere, perocchè di patria non hanno in cuore seme alcuno di amore, ma di tirannide ampio desiderio; per conseguire loro scopo, pronti ad abusare d'ogni sacra parola, che circuisca i volgari, che lor si facciano sgabello a salire colà donde poi premano libertà e cittadini.

Nessun cospiratore ebbe mai in mira la libertà della patria; chi arde per lei tratta all'aperto e non con altre armi, che la parola della ragione. I mutamenti di Stato non s'impongono ai popoli colla violenza, ma si offrono coll'amore e colla persuasione. Ogni violenza i popoli aborrono, e le forme di governo ad essere accettate e tenute hanno bisogno di essere approvate non dal consenso di pochi, ma dalla opinione ben matura dei più.

La congiura del Fieschi finì come tutte le altre congiure, e il Cibo, che la volle continuare, ebbe quella fine che il Capelloni narrò, senza che i suoi cittadini nè di lui nè del suo primo autore avessero compassione nessuna. E per quanto i tempi che si succedettero rattemperassero le passioni, e distruggessero i partiti, mai venne quel giudizio menomamente addolcito, neppur quanto bastasse a restituire agli avanzi della famiglia del congiuratore una bricciola almeno di ciò, che gl'irati governatori a quel gran reo avevano confiscato.

La posterità fu severa quanto i contemporanei, e come il falso mai può per arti che si adoperino divenir vero, così non è arguibile, che il giudizio dato si possa mutare.

Nel principio dell'anno mille cinquecento quarantasette, mentre il gran Carlo Quinto Augusto si ritrovava alla memorabile per più secoli e famosa impresa di Alemagna, mosso dal zelo della Religione, essendo la maggior parte di quella Provincia inviluppata nella eresia, per abbassare l'orgoglio d'alcuni di quei Principi che al sacro imperio si eran fatti ribelli, stando l'Italia in pace, e tranquillità, seguì in Genova un caso, non meno orribile, che scellerato, ed empio, di una Congiura fatta dal Conte Gio. Luigi Fiesco. Le cui azioni dovendo io narrare, parmi a proposito ragionare ancora della sua stirpe in questa città, nobile, ed antica (*) dove venne ad abitare d'Alemagna, e dalla quale in diversi tempi son discesi molti uomini di autorità più ambiziosi, inquieti e sediziosi, che al rispetto della loro patria non sarebbe stato di mestiere. Alla quale furono da loro causati danni, incendi, violenze e mortalità assai, per le spesse perturbazioni, che per opera loro seguirono allo Stato. Come intervenne l'anno del M. CCC. XVII che trovandosi, com'erano molt'altre Città d'Italia, divisa in parte ghibellina e guelfa, ed essendosi di questa fatto capo Carlo Fiesco, veggendo per l'intoppo, che aveva dalla parte avversa, non poter dominare lungo tempo possessore del governo della Città, che nella sedizione si usurpava, chiamò il Re Roberto di Napoli, a cui la soggiogò, sotto il cui Impero vivendo in pace, da Gio. suo figliuolo, fu poi perturbata. Indi l'anno M. CCC. XLI trovandosi in riposo, e quiete sotto il governo di Tommaso Fregoso, che l'aveva tratta dalla tirannide del Duca Filippo Visconti di Milano, Gio. Antonio Fiesco figliuolo di Nicolò per non avere potuto in pubblico consiglio ottenere il Capitanato dell'Armata della Città, al quale aspirava, con aiuto de' suoi partigiani la pose in tumulto, e divisione. E facendosi ribello

1

s'accordò con Filippo, a danno e ruina di quella; e postosi in Torriglia e Montobbio (1), Castelli situati nei monti della Liguria, assai vicini alla Città, de' quali i suoi passati s'erano fatti Signori, accompagnato da' suoi villani, e partigiani, scorreva tutto il giorno, fino alle porte di Genova uccidendo e svaligiando i cittadini; e col mezzo de' suoi fattori, introdotto al governo Raffaele Adorno, non condiscendendo questi agli appetiti suoi, procurò scacciarnelo, chiamando Ianus Fregoso; sotto il cui governo volendo anco secondo la naturalezza sua tumultuare, rimase oppresso, e morto in piazza. Ma lasciando gli esempii antichi che sarebbero assai, e parendomi ragionare de' moderni dico, che l'anno del M. D. XIV, una mattina a giorno, stando Genova in pacifico stato sotto il governo d'Ottaviano Fregoso, comparve alle porte del Palazzo, Scipione Fiesco, in compagnia di Girolamo Adorno, con comitiva di uomini armati; dove per lo valore dell'Ottaviano non meno ardito che prudente, rimasero svaligiati ed ambidue essi fatti prigioni; benchè dopo di essere stati alcuni mesi nel Castelletto, dimostrando Ottaviano di essere così magnanimo e liberale, come giusto, e valoroso, furono liberati. Non volendo tacere ancora l'esempio del Conte Sinibaldo che degli altri fu reputato il migliore; il quale intervenne anch'egli alla espugnazione della sua Patria, quando l'anno del XXII fu con tanta strage, e rovina saccheggiata (2). Il qual passato all'altra vita, in capo di dieci anni, che fu l'anno quarto della riformata Repubblica e governo civile, introdotto ed instituito con l'opera ed autorità del Principe Andrea D'Oria che ne fu l'autore, lasciò dopo sè da dieci figliuoli fra maschi e femmine, fra legittimi e naturali. Il primo de' quali fu il detto Gio. Luigi a cui con titolo di contado rimasero la maggior parte de' Castelli, che il padre possedeva, i quali insieme con lui che ancora non giungeva al decimo anno, furono governati dalla madre che fu parente di Giulio II, e dagli tutori lasciatigli dal padre, con tal diligenza, che in pochi anni, si pagarono molti debiti lasciati da lui, non tanto per le spese che faceva in vita sua, quanto per li dodici milia scudi d'oro, che poco innanzi la morte sua pagati aveva al Duca Francesco Maria Sforza per l'investitura di Pontremoli, che gli furono prestati dal detto Principe, il quale insieme con gli altri Tutori, che per favore delle cose lo chiesero in compagnia, ed in particolare da se stesso, aveva fatto di molti comodi, e beneficii al detto Conte Gio. Luigi.

Questi giunto al diciottesimo anno prese il governo de' Castelli e sudditi suoi, siccome in lui era cresciuto insieme con gli anni una certa cortesia, ed esteriore grazia, che lo rendea piacevole a qualunque ragionava seco, ed a chi lo conosceva, ed insieme gli cresceva una inordinata ambizione, scelleraggine e malignità interiore che agli uomini rimaneva coperta, ed ascosa; la quale fu però ben conosciuta dal Conte Sinibaldo suo padre. Il quale vivendo presago del successo, che si dirà, ad una gentil donna da cui una sera fu ricercato, perchè fosse così adirato, ebbe a dire « Io ho battuto Gio. Luigi mio figliuolo talmente, che » poco ci è mancato, ch'io non lo abbia tratto contr'al muro; » e così fanciullo com'è si scuoprono in lui certi modi di tristizie » e malvagità, che credo, che non debba essere mai buono; anzi » temo che ancor abbia a causare la rovina della casa mia ». Era il detto Gio. Luigi iracondo e mobile, anzi che no bugiardo ed ambizioso si persuadeva troppo di se stesso, ed era simulatore e dissimulatore grandissimo ed in molte parti non dissimigliante a Lucio Catilina, e per questo bramoso di maggiore stato e grado che non aveva. Con persuasione di alcuni adulatori, i quali gli dipingevano ch'egli aveva l'amore de' popoli in Genova, col favore de' quali e con l'aiuto degli uomini de' suoi Castelli avrebbe potuto aggrandirsi nella Città, cominciò a dar orecchio a pratiche che l'anno del MDXXXIX gli furono mosse da' Ministri francesi, che procuravano pei loro oggetti ridurlo al servizio del loro Re. La quale cosa pervenuta a notizia di qualcuno de suoi, che meglio di lui e di coloro che lo persuadevano conosceva l'autorità, e forze sue esser minori di quelle che si supponeva, fu consigliato a non dover dar orecchio a partito, che gli offerissero i Francesi, perchè oltre che egli non aveva l'esperienza per far ciò che quelli da lui forse volevano, la quale sopra tutto è necessaria negli affari importanti, non vi era ancora il tempo e la occasione, e dovea considerare che l'autorità sua in Genova era minore di quello che a lui era dimostrato; e che l'amore che gli dimostrava quel popolo, nasceva da certa naturalezza dolce, che regna in lui di riverire quelli che hanno apparenza di qualche maggioranza fra gli altri, e non da favore che gli apportasse la sua grandezza, nè da beneficj ché egli, o i suoi passati gli avessero mai fatti; il perchè poteva ben persuadersi che d'ogni ben suo quello ne avrebbe avuto piacere, e d'ogni mal, dolore; ma non che se ne fosse potuto far capitale, che con le armi si fosse mai dimostrato in suo aiuto; anzi se vi si fosse fondato, sarebbe rimasto rovinato, come rovinarono già molti altri fondati sopra la moltitudine, la quale da ogni minimo accidente è mossa e corrotta. Sopra gli uomini de' suoi castelli poteva far anco poco fondamento per essere per la maggior parte rozzi e mal atti alle armi; li quali avendo pur tal pensiero doveva conservarsi a qualche altro tempo di migliore occasione; perchè s'egli considerava quali fossero in Genova i Capitani e Ministri Cesarei; quanto erano i Francesi lontant e tardi, e gl'imperiali propinqui e pronti, conoscer poteva, che non aveva strada che gli desse posto a pensarvi, se non con la sua rovina. Al doversi partire da Genova per andare a servire i Francesi fuori, dovea parimente ben considerare, perchè oltre la patria perdeva anco tutto quello che possedeva, che prima di avere ricuperato altrettanto da loro, con poca sua riputazione a guisa di disperato, avrebbe potuto morirsene con danno e vergogna di tutta casa sua.

Queste ragioni come efficaci e vere, lo sviarono dalle pratiche, ma non poterono già torgli la malignità e mala inclinazione, che aveva nell'animo, la quale lo moveva a ragionare tutto il dì de' suoi pensieri, degli accidenti del mondo con M. Raffaello Sacco Dottore di Savona suo uditore, e con Vincenzio Calcagno da Varese suo suddito, che fu paggio del padre, e poi cameriere suo. Il quale essendo audace, maligno, e male inclinato, avendo famigliarità col Conte per esser dimorato presso di lui da teneri anni, un giorno che si trovavano nel Castello di Montoggio sforzandosi muoverlo con esempi de' suoi passati, venne a dirgli che l'autorità di Gio. Luigi suo Avo era in Genova maggiore che non fosse quella del Conte Sinibaldo suo padre, e non era la sua, e che a lui conveniva volendo vivere grande, e riputato farsene Signore come a quell' era già suo padre fatto avrebbe, se non fosse morto.

A tali parole il Castellano, uomo vecchio, e d'esperienza rispose « Voi v'ingannate, Vincenzo », e rivoltosi al Conte gli disse « Signore io ho sentito dire che molti de' vostri antecessori per » via de' trattati, e altri mezzi, già tentarono far l'effetto che » Vincenzio vi propone, nè mai riuscì loro, tanto meno riusci- » rebbe a voi. Attendete dunque a godervi della patria qual la » godeva vostro padre, e lasciate simili pensieri. Dovete considerare » ancora, che l'universale della città non ha per avventura verso di » voi l'affezione che altri pensa; perchè oltre che molti per memoria, » ed altri per averlo udito dire si devono ricordare di molti danni » e ruine a loro causati da vostri antecessori, e particolarmente da » vostro Avo, e dal M. Obietto suo fratello, che nudrirono lunga- » mente le divisioni e parti in Genova, dicono che anco la città per » colpa di vostro Avo perdesse Pisa, quando oppugnata dai Fiorentini » per non obbedir loro venne a gettarsi in grembo a' Genovesi, pre- » gandoli che volessero accettare sotto il Dominio loro quella Città » che del pari aveva già lungamente con loro guerreggiato; la quale » si afferma che non si accettasse per causa di vostro Avo, il quale » per li doni (3) che ricevuto aveva da' Fiorentini sotto pretesto » che non si dovesse prendere la guerra con loro, li dissuase; tal che

» la proprietà (4) sua fece perdere così bella occasione. Aggiungono anco
» che in gran parte per opera sua si sollevasse il Popolo l'anno del
» VI contra i gentil'uomini ».

Or mentre, che nel principio del XLIII si trattava di maritare col
Conte Gio. Luigi, Madonna Leonora Nipote del Cardinale Innocen-
zio Cibo, non piacendo alla madre che egli ancora (5) prendesse
moglie ò pur mossa da qualche altra cagione, venne a dirgli che
morto che fu il Conte Sinibaldo suo padre, veggendo ella lui con
tutti i suoi fratelli e sorelle piccoli, con carico di debiti, per fare
opera, che sebbene ella era rimasa senza marito, essi non conoscessero
di aver perduto il padre fece deliberazione di consumare la gioventù
sua presso di loro, e per diminuire le spese, che di necessità non
si sarebbero potute evitare in Genova, s'era ridotta ad abitare a
Montoggio, ov'era dimorata, a guisa si potria dire di prigioniera per
molti anni, con speranza che come egli fosse giunto in età avesse
dovuto col mezzo delle virtù, e de' giusti favori ascendere ad alcuno
di quei gradi, a' quali molti altri gentil'uomini d'Italia nati in non
più alta fortuna di lui erano pervenuti, acquistando gloria a se stesso
e qualche utile ai suoi fratelli, quali essendo tre quando bene egli
non avesse avuto figliuoli non si sarebbe perduto lo stato per manca-
mento di eredi e che maritandosi così giovinetto, in poco tempo
poteva avere un numero di figliuoli, sicchè del primo in fuori sarebbero rimasi tutti gli altri poveri (6); e perciò giudicando maggior suo
utile, che non si maritasse ancora, e che se pure avesse poi avuto
tal pensiero, poteva farlo in più matura età. Queste parole non disturbarono già il matrimonio che si trattava, anzi essendo forse così ordinato da Dio, assai tosto si conclese.

L'anno seguente, che l'Imperatore era entrato con lo esercito
in Francia, Piero Strozzi (7) del mese d'Agosto aveva adunato nel
Piacentino, e nelle vicinanze della Mirandola, da sei milia fanti
per condurre in soccorso di quel Re, e disegnando il Marchese
del Vasto impedirgli il passo, come fatto aveva pochi mesi addietro, quando tra Novi e Serravalle con un'altra massa di gente
lo mise in fuga, avendo avviso che camminava per le montagne, scrisse al Conte che provedesse che nel suo paese gli fosse
impedita la strada. Egli dissimulando volerlo fare, andò a porsi in
Montobbio, non con animo come si è inteso poi, di voler impedire lo
Strozzi, ma per fargli intendere che la giunta delle galere di Spagna
con fanteria il giorno precedente, gli aveva tolta l'occasione d'introdurlo
in Genova, come par che avesse concluso di fare. Mandò a fare l'am-
basciata dal Sacco, che di suo ordine gli diede due guide che lo

condussero per le montagne vicino alla Città, e d'indi poi salvo fin nel Piemonte; sì che può conoscersi, che a qual si volesse modo, egli era nato per nuocere alla Patria sua. Indi avendo Papa Paolo III fatto Signore di Piacenza e Parma il duca Pier Luigi suo figliuolo (8) e rimanendogli il Conte feudatario per gli uomini del Borgo Valdetaro e Calestano (9) l'uno sul Piacentino, e l'altro sopra il Parmigiano, andò a Piacenza a fargli riverenza, ed a rallegrarsi seco del nuovo stato, da cui fu veduto volentieri e carezzato molto. E trascorsi alquanti mesi gli fece vendita delle sue quattro galere che il Conte volle comprare piuttosto mosso dall'ambizione che da alcuna esperienza che egli, od alcuno de' suoi fratelli (a' quali dava fama voler dare indirizzo) avessero di galere, o di navigazione, di che sapevano tanto, quanto sanno gli uomini rozzi e nodriti nelle montagne, del governo civile. E prima che si venisse alla conclusione dal Sacco ch'era a Piacenza in compagnia del Conte fu scritto a Genova a M. Paolo Pansa (10) uomo letterato e dabbene, che per più di quaranta anni serviva a quella casa, e che fu uno dei tutori del Conte, ch'essi negoziavano col Duca cose onorate ed utili, ma che per allora non gli poteva dire più oltre. Ed essendosi inteso il giorno seguente per lettere di Roma, che il Duca voleva vendere le Galere (11), giudicò il Pansa che il Conte fosse il compratore; e rispondendo al Sacco gli disse che aveva interpretato il secreto, ch'egli non aveva potuto palesargli; però sebbene non era ricercato qual fosse il suo parere, o grato o spiacevole che potesse essere, non mancava dirlo: cioè che egli stimava la compra delle Galere del Duca piuttosto dannosa che utile, nè onorevole al Conte, il quale oltre il non avere il denaro con che poterlo fare, anzi essere in pegno di più di venti milia altri scudi, non dovendo egli navigare, nè avendo alcun de' suoi fratelli agevoli a tale esercizio e non essendo sicuro di fidarsi d'altri, era un commettersi alla discrezione della fortuna. Senza che, il Principe l'avrebbe forse avuto a sdegno, a cui per causa di molti obblighi, che egli aveva si conveniva avere rispetto e riverenza. Le quali parole benchè fossero riferite dal Sacco al Conte non deviarono la compra che fu fatta per trentasei milia scudi (12); il terzo de' quali accomodatogli da' suoi amici fu pagato allora; e del restante ne ebbe tempo il mese di Maggio seguente (13). Propose poi volere andare a Roma, lo che dal Pansa, con vere ragioni gli fu dissuaso; dicendo che andando egli in quella stagione, che 'l caldo ogni giorno prendeva più forza (14) stava a pericolo d'incorrere in qualche infermità, oltre che entrava in spesa senza proposito, se vi voleva andare come conveniva, la quale doveva evitare. Nondimeno incitato dal Sacco, e da altri suoi aderenti, si risolse andar a baciare i piedi al Papa, e presentargli Jeronimo suo fratello che aveva destinato al Governo delle Galere, che rimanevano allo stipendio della Camera Apostolica.

Giunto a Roma, andò prima al Cardinale Farnese, e poi al Papa, dal quale fu onorato e carezzato molto, e procurando, senza suo profitto, il danno altrui, con la rovina del Conte insieme, gli disse che essendo il Principe vecchio (15), dovea procacciar (come anco il Duca Pier Luigi suo figliuolo detto aveva al suo Uditore) di non rimaner dopo di lui soggetto ad altrui; e che per tale effetto l'aiuterebbero con le loro forze. Le quali parole mossero il male inclinato Conte a tristi pensieri; e tanto maggiormente si accese al male operare, quanto dal Cardinale Triulzi gli fu offerto partito se egli voleva servire al Re di Francia; il quale per allora non fu da lui accettato ma egli prese tempo a risolversi come fosse a Genova (16), ove giunse il mese d'Ottobre avendo prima riconosciuti per gli suoi Castelli gli uomini atti alle armi.

Quanto lo stato suo al mondo potesse chiamarsi felice, qualunque vi averà considerazione saprà giudicarlo; perchè oltre l'essere egli un bel giovine accompagnato da bella moglie, con un bel palazzo in una nobil città ove era onorato, e generalmente amato, e riverito in questo stato di repubblica, molto più che ad altri tempi non fossero i suoi antecessori, parte de' quali furono uccisi, e parte dalla Patria scacciati da chi allora governava, era poi provisionato dallo Imperatore di dua milia scudi d'oro l'anno, favorito da' suoi Capitani e ministri (massimamente dal Principe) ed aveva uno stato di sudditi assai amorevoli e fedeli verso di lui quanto altri, che si sappiano, verso il loro Signore, con tanta entrata che poteva onoratamente vivere. Nondimeno essendo la verità di conoscer se stesso rara, e a così pochi conceduta dee credersi che anco egli non l'avesse, poi che non conosceva la sua sorte, che al mondo poteva reputarsi felicissimo. Anzi s'era voltato con tutto il pensiero all'ambizione che lo guidava ad una eterna rovina, e tutto ch'egli fosse crudele, avaro superbo, ed inumano, come le azioni sue hanno dimostrato, aveva un particolar dono dalla natura, che lo rendeva in apparenza sì benigno, cortese, e affabile verso di tutti, che mai ad alcuno sarebbe potuto capire nell'animo, che nel petto di un giovinetto allevato (si può dire) tra le donne avesse dovuto aver luogo sì crudel pensiero, che si vedrà appresso. Ed oltre di applaudire generalmente a ciascuno, sforzavasi di festeggiare diversi giovani cittadini popolari; tal che si persuadeva con tal dimostrazione aversegli obbligati, intanto che ogni volta che ne avesse loro data occasione dovessero con le sostanze e vite loro seguire le sue voglie. In questo mezzo mosso dall'odio che per malignità ed invidia (sebbene in apparenza non ne dimostrava segno) egli portava al Capitano Giannettino d'Oria Nipote (17), e che aveva ad essere lo erede e successore del Principe, giovane valoroso, nell'esercizio dell'Armata marittima diligente e peritissimo, e per suoi egregi fatti chiaro ed illustre, lo cui nome era in molte parti dei Cristiani ed Infedeli già noto, e famoso, aveva tra sè deliberato ucciderlo, e fuggirsene in Francia, cosa sì mal considerata come il restante de' suoi tristi disegni. Ma volendo prima che eseguire l'effetto si mantenesse il partito (18) che a Roma, in nome del Re gli aveva offerto il Cardinale Triulzi una domenica alli XXI di Novembre presenti l'uditore Sacco, e Vincenzio Calcagno firmò li Capitoli, gli sottoscrisse di sua mano, e diedegli ad Antonio Foderato Savonese, che andava a Roma, con balia di poterli in suo nome conchiudere e stabilire. Dopo la cui partenza comparve dal Conte, Gio. Batta Verrina genovese cittadino popolano astuto, e sagace molto più di quello che ad uomo di sua condizione pareva verisimile, crudelissimo ed inumano; il quale aveva contratta strettissima amicizia col Conte, che a lui disse la deliberazione che fatta aveva, della quale non dimostrando satisfazione, esso Verrina, risposegli in tal guisa « Conte, quando « io vi vidi comprare le Galere, giudicai che cominciaste a sve- » gliarvi, riconoscer voi medesimo, e disegnar quello che vi si con- » viene, e conoscendomi io instrumento buono per facilitarvi la strada » di salire alla grandezza, alla quale la stessa fortuna vi guida, mi vi » accostai ed intrapresi le cose vostre, attendendo con tutto lo studio » mio a porvi in grazia di questo popolo; con opinione che presa l'oc- » casione rimarreste Signor libero di questo dominio. Rimango ora tanto » più ammirato e confuso, quanto vi veggo offuscato in una impresa » vile e pericolosa, lasciandone una grande e sicura. Oh che bella lode » vi sarà, morto che avrete Giannettino, fuggirvene in Francia ! Che con- » solazione lascierete agli amici servitori vostri ! E quando voi sarete » fuori di Genova, che conto credete che debbano fare di voi i Francesi? » certo ben poco ». Ed avendogli risposto il Conte, che cosa dovea dunque fare, e che il ritardare potea causargli danno, soggiunse il Verrina « Io non vi consiglio la tardanza, anzi quanto più tosto la » esecuzione, ma non della maniera che avete risoluto ». E con animo ostinatissimo gli disse « Io voglio che in un punto ammazziate il » Principe d'Oria, Giannettino, il M. Adamo Centurione, suo figliuolo, » gli amici loro, e gentiluomini, e principali della Città, che lor pi- » gliate le Galere, e col braccio del popolo formiate uno stato a modo » nostro; e quei pericoli nelli quali potreste incorrere (che non ne

" veggo però alcuno) non dovete stimargli, essendo atto di uomo vile
" per timor del male lasciare il bene, e di pusillanime, non seguire
" una gloriosa impresa, la quale ancor che paia impossibile, è non-
" dimeno facilissima, e sarà un colpo da poltrone; perchè come vedete
" nella città non sono più di dugento cinquanta soldati, tra la guar-
" dia del Palazzo, e delle Porte, fra le quali ne sono più di ventitre
" sudditi e amici vostri; le Galere stanno nella Darsena a svernare,
" con le armi sotto coverta, con la guardia ordinaria solamente, e
" necessaria; e conducendo in casa vostra trecento uomini, il che
" vi sarà facile con gli amici ed opera mia, ci riuscirà l'impresa ".

Questo ragionamento mosse il già male edificato Conte a più scellerato
pensiero; siccome prima aveva deliberato concludere il partito coi Francesi, uccidere il Capitano Giannettino, e fuggirsene in Francia, riser-
batosi a dover meglio discorrere sopra la proposta, fece partir subito
Luigi suo servitore in poste dietro al Foderato a rivocare li Capitoli
che mandava a Roma. E facendosi l'ora tarda, licenziato il Verrina
ragionò della pratica col Sacco; il quale gli disse che con tutto, che
la professione sua non fosse di maneggiare armi, non doveva per questo
credere che per viltà o paura egli si dovesse opporre a quelle grandi imprese, ch'a lui erano persuase dal Verrina; ma che gli tremavano le gambe
sentendo essergli rappresentato per tanto facile uno effetto grande, e pericoloso, sopra il quale era necessario aver gran considerazione, perchè
li partiti astuti ed audaci nel principio buoni, sono difficili nel trat-
tarli, e riescono nel finirli dannosi. Oltrecchè doveva persuadersi che ad
uno consueto a viver sciolto, ogni catena pesa ed ogni legame stringe; che
il medesimo sarebbe intervenuto al popolo di Genova, presso del quale
si doveva considerare quanto fosse gagliardo il nome della libertà, il
quale, forza non doma, tempo non consuma, e merito alcuno non
contrapesa. E risposto il Conte, che ne ragionerebbero più a pieno il
seguente giorno, cominciò a discorrere tra se stesso quanto il partito
fosse audace, e pericoloso, e che quel Principato che avesse comin-
ciato in lui con inganno, ed infamia, in lui medesimo, o per avventura
nei discendenti suoi sarebbe finito con vituperio e danno; qual fosse
la vergogna di romper la fede, e quanto pericolo ed invidia si recava
alle spalle. E considerando dall'altro canto qual sarebbe stata la sua
grandezza, che nei fatti grandi non si dovea stimare il pericolo; che
l'audacia era giudicata prudenza, ed era da uomini animosi cominciar
con pericoli quelle imprese, che potevano finirsi con premio, deliberò
seguire la mal consigliata impresa sovvenendogli che al mondo erano
stati di quattro maniere principi grandi, cioè quelli che con la virtù,
e loro buona fortuna avevano acquistato dominii, Principati, e Regni;

quelli che erano stati grandi per la successione de suoi antecessori; quelli poi che col favore di alcun Principe potente erano stati promossi a Principati, e Stati; e finalmente quegli che con mezzo della fraude e violenza, s' erano fatti Signori, e Tiranni della Patria loro; e conoscendo egli, che non poteva essere dei primi, nè de' secondi, nè meno si vedeva in grado di poter essere delli terzi, si era risoluto di voler essere degli ultimi, e quello che nè per virtù nè per eredità de' suoi nemmeno per favore altrui poteva avere, ottenerlo con la fraude, ove la mala sua inclinazione, e tristi consigli l' avevano rivolto.

Con tutto l'animo il dì seguente all' aprirsi del giorno fu il Verrina in Violata (19) a casa del Conte a ragionar con l'uditore Sacco, a cui discorse il modo, che a lui occorreva, per esecuzione dell' impresa, che al Conte proposta aveva, cioè che egli sotto colore di voler mandare la quarta sua Galera che era stipendiata dal Papa a corseggiare in Levante, poteva porre in opera il tutto; e che solamente bisognava che facesse un buon cuore, e che si sottomettesse per qualche giorno al Principe, ed al Capitano Giannettino, simulando prendere il loro consiglio nei suoi affari, assicurandogli per tutti i modi; chiamar poi la Galera a Genova, armarsi la casa di trecento uomini con voce di mandargli con essa; per quella via che quasi gli fosse parsa migliore (che ve n' erano di molte) condurgli in luogo ove avessero potuto uccidergli, chiamando poi il Popolo alle armi, libertà e guadagno, si che in un giorno resterebbe il Conte Signore della Città e delle Galere. Parve al Sacco possibile l'effetto; nondimeno considerando le difficoltà, ed inconvenienti che potevano succedere, rispose che ne farebbe parola col Conte; e che prima di persuaderlo a tale impresa, voleva meglio discorrerla, e tra se esaminarla; perchè la fortuna manda molte volte sopra il fatto casi impensati che rovinano l' imprese, e gli uomini dell' onore, della roba, della vita insieme. Lo riprese allora il Verrina per vile, dicendo, che egli ed il Conte erano due galline, e che ei non aveva giudicio, nè lo amava se egli lo dissuadeva, anzi non lo inanimava a tale impresa. Riferto il Sacco al Conte il discorso del Verrina, gli soggiunse che quando ben fosse dovuto riuscire interamente il fatto eravi da considerare che come si fossero ritrovati morti i gentil' uomini, ed il Popolo con le armi in mano, non avrebbe egli forse voluto il Conte per Signore, ma piuttosto un Capo popolare, che l' avesse retto e governato. E quando fosse seguito un tal disordine, a che partito si sarebbe egli trovato? Chi lo assicurava, che non avrebbe però potuto far altro che dolersi di se stesso, in aver confidato troppo in un Popolo, il quale ogni voce, ogni atto, ogni sospetto muove, e corrompe? E chiamato il Verrina, presente Vincenzio Calcagno discorsero sopra tal dubbio; il quale egli risolse dicendo che voleva che il Conte se ne assicurasse col far camminare subito alla Città gli uomini suoi atti all'armi, ed i tremila fanti, che gli aveva offerto il Duca Pier Luigi Farnese, de' quali disegnava valersi; egli impatronitosi del Palazzo e delle Porte della Città dopo disfogato il Popolo nel sangue, e nella roba dei gentil'uomini, chiamarlo al Palazzo, con fama di volere stabilire un governo in sua satisfazione, ed egli allora sarebbe a canto al Conte, porrebbegli una berretta Ducale in capo, e saluterebbe come Duca, ed opponendosegli alcuno, lo farebbe uccidere; tal che col favore de' soldati, ed amici resterebbe assoluto Signore. E rimasi sopra tale risoluzione uscirono i quattro Congiurati d'un camerino, e volendo il Conte levare ogni sospezione, che avesse potuto prendere il Panza; gli disse: « Che vi par M. Paolo che il compare Verrina vuol trovarmi il modo di pagare il prezzo delle Galere che io devo al Duca, senza interesse? » A cui quello rispose, che un tal amico era da tenersi ben caro. Ed essendosi ridotti molte altre volte in consulta ragionando del modo, e del tempo, e di estinguere l'Erario di S. Giorgio senza il quale pareva al Conte non potere riempiere la sua ingordigia, si risolsero chiamare una Galera da Civita Vecchia, siccome già si era proposto.

In questo mezzo avvenne, che quei giorni si diede per moglie una sorella del Capitano Giannettino al Marchese Giulio Cibo (20) cognato del Conte, ed a' Congiurati parve che si avesse occasione di poter far un convito, ed invitandovi il Principe, l'Ambasciatore Cesareo (21), il detto Capitano e figliuoli, M. Adamo Centurione, suo figliuolo, e altri principali della Città uccidergli tutti a tavola. Ma soggiunse il Conte, che non andando mai il Principe a mangiar fuori, si sarebbe avuta difficoltà a ridurcelo; al che rispose il Verrina, che dandogli in sua compagnia due dei suoi fratelli con otto o dieci uomini, quando tutti i convitati fossero ridotti in casa del Conte anderebbe ad ammazzarlo in casa. Poco di poi disegnando il Conte valersi nel tumulto dell'aiuto della plebe, col consiglio del Verrina finse di fare offerire ai tessitori de' velluti (22), col mezzo di Sebastiano Granara, allora Console di quest'arte, certa somma di grani a credenza; non con animo che avesse di dargli loro, ma per dimostrarsi loro benevolo; li quali non avendogli accettati per lo medesimo Console gli mandarono a rendere grazie dell'amorevolezza, che gli dimostrava. E ridottosi in casa una mattina del Conte, col mezzo di esso Granara, a cui l'aveva ordinato, più di cento artefici naturali de suoi Castelli, con li suoi soliti applausi disse loro che gli aveva fatti domandare, per riconoscerli come suoi amici per natura, e che sebbene fino a quell'ora non aveva loro potuto dimostrare la benevolenza che lor portava, aveva nondimeno la medesima affezione che ebbero i suoi antecessori agli antenati loro e, che amassero lui, con quella fede che in loro aveva. E fatta lor dar colazione diede loro licenza.

Ora stando un giorno i quattro Congiurati nel luogo solito in consulta sopra l'impresa o (meglio dee dirsi) rovina; il Conte, o che gli mancasse l'animo, o pur che fosse mosso da altro destino disse agli altri, che un certo chè gli rompeva le braccia, dovendo spargere tanto sangue in casa sua, e che fra tutti era da trovarsi qualche altro modo di eseguirlo fuori. Le quali parole invece di dominar l'animo al Verrina, lo accesero in più fierezza; e riprendendo il Conte per uomo vile, gli disse che per venire a quello a che egli aspirava era di necessità insanguinarsi bene, e spogliandosi di pietà vestirsi il petto di crudeltà, senz'aver tanti rispetti, il minimo de' quali era sufficiente a rovinare una sì mal conosciuta impresa; e che non lo doveva ritenere l'amore, nè la vergogna; perchè gli uomini grandi chiamavano vergogna il perdere, non con inganno acquistare. Nondimeno tra tutti discorsero poi altri mezzi; alcuni dei quali parevano incerti, altri dubbii, altri fallaci; ed il Calcagno propose, che il Conte poteva farsi il padre d'una messa nuova per lo velare di una monaca che doveva farsi professa nel Monastero di S. Andrea, ed invitandovi il Capitano, ed altri che loro fosse parso, dovesse estinguere il fatto (per accompagnare il tradimento) col sacrilegio uccidergli in Chiesa, corper la Città, e chiamare il popolo alle armi. Però parendo loro l'esito difficile, e da poter riuscir vano, deliberarono eseguirlo la notte delli quattro Gennaio; parendo loro avere miglior comodità, perchè allora si doveva dalla Signoria, e dal Consiglio della Città creare il nuovo Duce della Repubblica. La vigilia di Natale giunta la Galera del Conte (23) a Genova, dando egli fama volerla mandare a corseggiare in Levante (perchè come l'altre tre non era stipendiata dal Papa), sotto colore di volerla ben armare, attese nelle feste ad introdurre nella Città da trecento uomini tra soldati, e sudditi suoi. Il sabato poi, che fu il primo giorno del XLVII, rimase a letto il Principe, per lo dolore che gli venne in un braccio, e la domenica gli sopravvenne un poco di febbre. E temendo il Conte che ritardando l'esecuzione della malvagia impresa al giorno determinato non si scoprisse, si risolse eseguirla la notte seguente (24); ed ordinato al Calcagno che si provvedesse a ciò che bisognava per armar la gente che aveva in casa, dopo desinar andò a visitar il Principe, e ragionato a lungo col Capitano, e festeggiati i suoi figliuoli, facendosi l'ora tarda, presa licenza se ne partì. È cosa veramente degna di memoria, che tant'odio, tanto pensiero di tanto eccesso si potesse con tanto cuor e tanta ostinazione d'animo da lui ricoprire.

Giunto a casa sua, ordinato al Calcagno che dimorasse alla porta, senza lasciar uscir alcuno, ed a M. Paolo Pansa che quella sera volesse far compagnia a sua moglie, egli in compagnia di dieci o dodici uomini armati scese nella città, ed andato a casa di Verrina disse a lui che aveva veduto il Principe, il quale stava male e morrebbe, ed egli voleva quella notte eseguire la sua impresa, perciò ch'ei domandasse quei giovani ch'erano suoi amici, dicendo loro, ch'egli voleva che quella sera cenassero seco. Ed andatosene in tre o quattro voglie e trovata una gentil donna, con la quale aveva famigliarità il Capitano, gli domandò di lui; a cui rispondendo ella, che già per due giorni dopo la indisposizione del Principe non l'aveva veduto, finse trattenersi con lei in ragionamento; ed è opinione di molti che per lo dubbio che aveva di perdere il Capitano la notte, avesse deliberato ucciderlo allora, se l'avesse trovato. Ora ritornato il Conte alle quattr'ore al Verrina, non avendo trovato con lui quel numero de' Cittadini popolani dei quali disegnava valersi, trascorse per le case e per le loggie pubbliche a chiamarne alcuni; tal che ne condusse ventotto in casa sua, li quali giunti in una camera, e sentendo in un' altra a quella vicina gran rumoreggiare di gente armata rimasero ammirati. Ed andato il Conte in un' altra stanza, chiamati a se Girolamo, Ottobuono, e Cornelio suoi fratelli, scoperse loro l'animo suo, dimostrando loro la felicità che aveva di porlo in opera. Lor disse, che per grandezza e benefizio di tutti loro si portassero da valorosi, e diligenti, perchè mai più la fortuna lor porgerebbe sì fatta occasione innanzi. Ed ordinato a tutti quello, che dovevano eseguire circa all'impadronirsi delle porte, correr la Città, e chiamare il Popolo all'armi, fece ritorno nella Camera dov'erano quei giovani cittadini, E stando in piedi, poste ambe le mani sopra la tavola, dove erano due lumi accesi, con faccia crudele, e difforme a quella che fino allora aveva dimostrata, avendo prima da se pensato con una giusta ed apparente causa, una disonesta e fraudolente opera ricoprire, e con un onesto vocabolo onestando la sua mala intenzione, sotto color di voler liberare il popolo e la Città liberi, opprimea l'uno e l'altra, parlò loro in questa sentenza: « Fratelli, la cena che io vi ho apparecchiata sta sera non è già » simile alle altre, che si fanno tutto il dì sontuosissime, per la » varietà de' cibi, ma è ben la più splendida, che mai si sia fatta a » nostri giorni in Italia, perchè io voglio liberar voi, e la patria » vostra dalla tirannide di Giannettino d'Oria, che per lettere del

„ Duca di Castro (25), e del Cardinale Farnese (le quali possovi mostrare
„ se volete) sono avvisato che ha trattato, e tratta con lo Imperatore
„ di volersi fare Signore di Genova; e parendo a lui che io debba
„ fargli ostacolo, ha tentato tre volte col veneno e col ferro farmi
„ uccidere (benchè non gli sia riuscito). Laonde volendo io liberar
„ voi e me da tal pericolo ho deliberato ammazzarlo questa notte, e
„ prendergli le Galere, alle quali, alle porte della Città ed al palazzo
„ ho intelligenza, talmente che con l' aiuto della mia, che si porrà alla
„ bocca della Darsina, ci riuscirà l'effetto. Disponetevi dunque a
„ seguitarmi con quella fede che io mi promisi sempre di voi; poi
„ che io mi muovo all'impresa per la liberazione della vostra patria.
„ Io non voglio, che combattiate, perchè non vi sarà la necessità; ma
„ che armati mi facciate compagnia. Io ho qui in casa 300 uomini
„ armati, con li quali occuperemo le Galere ed il resto „.

Queste parole alterarono forte gli animi di coloro, dai quali non
essendo a lui risposto, come avrebbe voluto, gli soggiunse « che faccie
„ sono quelle che ora mi dimostrate? non rispondete? non volete esser
„ meco? Questa è la fede che sempre mi promisi da voi? questo è il
„ premio che mi rendete di volervi fare liberi? » E rispostogli allora
da uno, che in nome di tutti parlando, disse che lo seguirebbero,
non restandone egli ben satisfatto, gli riguardò in faccia ad uno ad
uno, li quali stringendo tutti le spalle stavano taciti; se non che da
Battista Giustiniano e Battista Bava gli fu risposto che quando a lui
era occorso bisogno di denari ne lo avevano accomodato; ma a quello
che ora gli ricercava, non si conoscevano atti; i quali riprese il Conte
per vili, dicendo che erano uomini da porre nel *bambagio*, e dargli
fuoco e che starebbero in casa con sua moglie, e volendo uscire gli
darebbe delle pugnalate. E uscito della camera faceva passare per essa
in altro appartamento, quando tre quando quattro uomini armati per
porre terrore a quei giovani, e per ottenere da loro per forza quello,
a che molti d'essi non inclinavano per volontà, e per dimostrare
a' soldati ch'egli aveva numero di cittadini a suo favore; a' quali fatto
ritorno tutto umile accostatosi alla tavola, prendendo il pugnale in
mano soggiunse „ Pigliate ed ammazzatemi, poichè non volete segui-
„ tarmi; perchè più tosto vo' morire per mano di voi amici che di
„ chi ha insidiato la vita mia „. E fatto fine al ragionamento suo
comparvero in quell'istante i suoi fratelli ed altri servitori con alcuni
piatti di vivande; mangiò chi volle, passate le sei ore, andò in colletto
col pugnale a lato tutto pallido ed afflitto nella camera dove era sua
moglie col Pansa e lor disse: „ Leonora, Giannettino d'Oria, oltre
„ molte altre ingiurie a me fatte, ha procurato col veneno e con armi

„ volermi torre la vita, nè io voglio, che altri faccia la mia vendetta;
„ sono per tentare quello che mi darà la sorte, e ciò che seguirò
„ piglisi tutto in grado „. Allora veggendo il Pansa che quella tremava,
e piangea disse „ Ahi Conte, che ragioni son queste che voi dite?
„ non vi voglia capir mai nell'animo che Giannettino vi voglia far
„ dispiacere; queste sono intenzioni di ribalde e triste lingue che vi
„ hanno dato cotale sinistra, e mala impressione; non fate, per Dio
„ non fate, che porrete il mondo in confusione „. E risposto allora
il Conte, che la cosa era già tanto innanzi, che più non poteva
tornare addietro, uscì fuori soffiando e crollando la testa. Ad otto ore
ritornato nel medesimo abito alla moglie con voce più rimessa le disse:
„ Leonora sta di buon animo, che tutto passerà bene „; a cui ella rispose:
„ Come posso star di buon animo, sentendo rumor d'armi per tutta la
„ casa? „ Ed egli replicando disse: „ Deh non mi fare questo malo augurio „.
Allora interponendo le sue parole il Pansa gli disse: „ Come volete
„ che vi faccia buono augurio, volendo voi andare ove potete essere
„ ferito, e morto, come ferire, ed ammazzare altrui? Voi siete
„ stato mal consigliato, e se non mancate di questa ria opinione, sarete
„ la rovina di tutta casa vostra. Intralasciate, vi prego, questa rovinosa
„ impresa, che se Dio non vi provvede, a guisa di cieco, andate in
„ precipizio „. A ciò non rispondendo egli parola, se n'uscì di camera.
Facendosi l'ora tarda, fece armarsi di quelle armi che a tale impresa
si aveva eletto più agevoli, ed accomodate, ed uscito con quelli giovani sopra la piazza della sua casa, dove stavano i soldati in ordinanza
disse loro: che andavano in un fatto d'importanza, dove conveniva che
andassero tutti ristretti e quando alcuno uscisse fuori dell'ordine
sarebbe ucciso da quattro ch'egli a tale effetto aveva deputati.

Di tutte le congiure, che nelle istorie antiche e nuove si leggono essere
state fatte per l'addietro, questa del Conte è più inumana, scellerata,
e senza esempio; perchè da tutti gli altri, che congiurarono fu solamente cospirato, o contro un principe, per qualche particolare offesa
da lui ricevuta, o per liberare la loro Patria dalla Tirannide, e se
stessi dal pericolo, al quale rimanevano forse sottoposti, o veramente
contra la Patria, per farsi Principi, dove spenti, o con morte, o con
esilio alcuni cittadini più potenti che si fossero potuti opporre alle
forze, e voglie loro, attesero a conservare il resto. Ma il Conte aveva
congiurato contro un Principe al quale era obbligatissimo per li molti
beneficii da lui ricevuti, institutore e conservatore della pubblica
libertà della sua patria, Ammiraglio marittimo d'un tanto Imperatore,
contra un Capitano di sua Maestà, contro l'armata di quella, contro
la propria Patria, contro la nobiltà che tutta voleva esterminare,

contra vedove, orfani, e spedali, e (se è lecito potersi dire) contra
Dio perchè estinto l'erario di S. Giorgio, dove sono le entrate di
povere persone, e di religiosi al divin culto destinati, sarebbero stati
costretti andar vagabondi per lo mondo in dispersione. E se Lucio
Catilina congiurò contro la Repubblica Romana, poterono il Console, ed
il Senato, che lo conoscevano scellerato, e tristo, difendersi dalle sue
insidie, e scacciarlo fuor della Città, coi suoi seguaci; ma dal Conte,
di cui si aveva tanta fede, ed il quale in apparenza si dimostrava
così sincero, come si doveva alcuno riguardare, coprendosi sotto spo-
glia umana, un cuore di arrabbiata tigre? Or tutto che entrando nel
suo Palazzo, ogner vedesse la istoria che vi era dipinta de' Giganti
che volendo conquistare il Cielo, e combattere con gli Dei, da Giove
erano fulminati e percossi, e che a tal similitudine potesse considerare,
che conducendosi anch'egli al partito ov'era guidato dall'ambizione,
e tristi consigli, non potendogli riuscire, nè più alto salire, sarebbe
stato con suo grandissimo danno, di cadere necessitato, a lui intervennero alcuni segni che gli diedero sospezione della sua rovina e
morte; ed al tempo dei Romani che n'erano molto osservatori avrebbero fatto desistere ogni audace da qualsivoglia disegnata impresa.
Ed ancor che secondo gli ordini della Santa Chiesa non si debba loro
prestar credito, non sono anche in tutto da sprezzare; perchè essendo
quel mondo, quelli pianeti, e quei cieli degli antichi tempi, possono
parimente avvenire delli medesimi effetti ed accidenti, che allora suc-
cedevano (26). Il primo prodigio ch'egli ebbe fu che ragionando la domenica mattina che precesse a quella notte in camera ad una finestra con
Vincenzio Calcagno, veggendo levare dal suo orto una torma di Cornacchie che passavano dinnanzi, rimase stupefatto, e disse a Vincenzio
s'io riguardassi agli augurii come facevano gli antichi, riputerei
quelle Cornacchie per tristo auspicio alla mia impresa, e con tutto che
per natura mia non abbia mai prestato loro fede, mi fanno nondimeno
dubitare qualche pericolo, che possa intervenire alla vita mia. Lo
stesso giorno se gl'inginocchiò sotto il Cavallo correndo. La notte
ch'egli parlava in camera con la moglie, un cane grosso, che andava
seco, gli si gettò alle spalle in atto di voler festeggiarlo, e diedegli
fastidio. E tutto che gli fosse levato dattorno e di suo ordine legato, scen-
dendo egli nella Città all'uscir della porta se gl'interpose fra le gambe,
con tanto impeto, che fece dargli della spada in terra, cioè della
punta, sicchè fu per uscirgli di mano, e con ammirazione dicendo egli:
Dio ce la mandi buona! il Sacco che gli era accanto rispose che facesse
come i Romani che agli auguri davano la interpetrazione che faceva
per loro.

Or data una parte della gente a Cornelio suo fratello bastardo lo destinò ad occupare la porta della Città chiamata dell'Arco, che assai tosto con morte di due o tre uomini rimase presa, sì per non sapere la guardia di dover combattere con nemici di dentro come per la disparità delle forze. Uscì una voce fra quei cittadini popolari che erano seco che disse: Conte, convien sapere, se i gentiluomini si hanno d'ammazzar tutti, perchè essendovi il Cardinale d'Oria, e altri vostri parenti, che forse volete salvare, vi saranno degli altri che vorranno fare il medesimo; egli rispose » Che si uccidano tutti, e comincisi prima dai miei ». Allora uno di quei cittadini accostossi ad un altro di che poteva prendere fede, e disse » quando saranno morti tutti non vi rimarrà se non ch'egli, e tanto minor fatica si avrà a spegnerlo ». E passando con tutta la comitiva sotto alla Ripa, giunto alla Porta di Vacca, che anticamente chiudeva le mura della Città, mandò Ottobono suo fratello col Calcagno, con una banda d'uomini per la strada del Borgo di S. Antonio per impadronirsi della porta della Città, vicina al palazzo del Principe, che rimane fuor delle mura, e gli riuscì come della prima, e fu fatto prigione il Capitano Lercaro che ne aveva la guardia, con morte di suo fratello, e cinque o sei altri soldati. Il Conte con la gente ch'era rimasa seco giunta la sua Galera alla bocca della Darsina, e sbarcata una banda d'Archibusieri, e uomini armati che sforzavano le guardie, entrò per la porta di terra che da' suoi gli fu aperta; da' quali gridandosi *Popolo e Libertà* secondo l'ordine, che egli dato aveva, la ciurma della prima Galera cominciò a fare bisbiglio, il quale il Conte volle andare a raffrenare. Ma il grande Dio, che con miracolosi effetti spesso dimostra agli uomini mortali qual sia la potenza sua, rivoltando l'occhio della sua Misericordia verso la povera Genova, povera dico io, considerato, a chè in un punto l'avrebbe condotta la sua mala fortuna, quando pure i peccati suoi fossero stati tali, che contra ogni pensiero fosse dovuta rimanere soggetta al Conte, che per regnare non sarebbe cosa sì ingiusta crudele ed avara, che egli non avesse ardito di fare, e veggendo il pericolo, che sovrastava al Principe, a qual fine si riduceva tanti suoi gloriosi fatti, onori, vittorie e trofei, che col valore e buona fortuna si avea acquistati, essendo egli stato marittimo Ammiraglio dei primi Principi della Repubblica Cristiana, conoscendo la rovina di una tanta Città, la morte di tante persone, e latrocini, stupri, violenze, e mortalità che sarebbero seguiti, Dio dico volle spegnere tanto incendio, colla morte dell'Autore di tanto eccesso. Perchè con un miracolo evidentissimo, e noto al mondo, volendo egli salire sopra la Galera che rumoreggiava cadde in mare ove rimase sommerso ed annegato, e dimoratovi alcuni giorni, fu poi da una Galera tirato in alto, ed in un sacco pieno di pietre gettato a pesci. E gridandosi da quella gente *Popolo e Libertà* tutte le ciurme della Galera cominciavano a sferrarsi della catena, il Capitano Giannettino svegliatosi al rumore, con una roba attorno, e un sol paggio che si trovò seco in sì repentino caso, corse alla porta per entrare nella Città a riconoscere il tumulto, con animo di valersi de' soldati che stavano a quella guardia, non pensando che potesse essere occupato da Fieschi; e giunti sul ponte, e domandato, che gli fosse aperto, da una archibusata ed altre ferite crudelmente fù ucciso senza che al Conte nè ad alcuno de suoi avesse mai data non che giusta ma colorata cagione; essendosi interposta la malvagia fortuna a mezzo il corso degli alti e gloriosi fatti, che si dovevano sperare dal progresso di sua vita. Il Principe inteso il fatto da M. Luigi Giulia famigliar suo, benchè vecchio e malato si fece portare a cavallo prendendo il cammino della riviera di Ponente, tal che Dio sapendo ch'ei non era venuto quel tempo, che dall'ordine suo, e della natura gli era stato consegnato (27), gli fece grazia di poter salvarsi. Giunto a Sestri, accompagnato dal detto M. Luigi, dal Conte Filippino d'Oria e da tre o quattro altri servitori ed imbarcatosi sopra una fregata si ridusse a Voltri, e d'indi a Massone Castello del Magnifico M. Adamo Centurione discosto da Genova quindici miglia. La Principessa con le sue donne si ridusse al Monastero dei Canonici regolari in S. Teodoro. La moglie del Capitano con gli figliuoli a quello di Gesù Maria. Sonarono le X ore, le Galere tuttavia si disarmavano, e Girolamo fratello del Conte con la bandiera e tamburo con la comitiva che seco aveva, andava scorrendo la Città, chiamando il Popolo all'armi.

I cittadini sentendo il tumulto, e gli schiavi delle Galere, che tirandosi dietro le catene, con rumore andavano vagabondi rimasero non meno attoniti che ammirati; e molti per non saperne l'origine si elessero starsene in casa; altri presero per lo meglio ridursi al Palazzo dove alla prima notizia del rumore, s'erano adunati i Governatori, postisi in arme li soldati della guardia, e tirata fuori l'artiglieria per difenderlo da cui fosse ito ad oppugnarlo, e dove (come fe' giorno) andò anche il Commendatore Figero Ambasciatore Cesareo, per aiutare a provvedere ciò che pareva abbisognare. Il Verrina vedendo rovinata l'impresa, con la Galera dei Fieschi andò verso Marsiglia, avendo per cammino sbarcati al fiume Varo presso Nizza il Capitano Lercaro, e tre o quattro altri gentiluomini e padroni di Galera che la notte avevano fatti prigioni. E ridottisi in quel disordine da 300 schiavi sopra una Galera, fuggirono in Barbaria. — Veggendo Girolamo non essergli risposto dal Popolo, secondo che il morto Conte s'aveva presupposto, scorrendo tuttavia la Città, incitava questo e quello a pigliar l'armi, ora pregando, minacciando se non era seguitato; però credendo quelli, che l'officio di uomo da bene fosse non alterar gli ordini della sua patria non essendo cosa che più offenda che il variar quelli, e che fu sempre più facile mantenere uno stato già stabilito, che suscitarne un nuovo, poco temendo delle sue minaccie, e conosciuto egli, ma tardi, il suo errore, mandò il Pansa al M. Nicolò d'Oria suo cognato a Palazzo, a chiedere alli Governatori perdono generale per lui e per quegli che avevano prese le armi, che subito si partirebbe della Città. Ciò gli fu conceduto essendo allora le leggi sottoposte alle armi, amministrate dal furore, e dalla pazzia di molti. Ed uscitosene coi suoi seguaci per la porta dell'Arco, si ridusse nel Castello di Montobbio, essendo prima partiti per li monti, Ottobuono e gli altri che erano seco alle porte. Talchè il fine di tanto disordine fu alla Città assai meno malvagio, che non era stato al principio il disegno de' Congiurati crudele ed inumano.

Vogliono alcuni, che il Conte non morendo sarebbe rimaso assoluto Signore affermando che per la benevolenza che egli aveva nella Città li cittadini e gentiluomini e popolari con la plebe insieme, vedendolo padrone delle porte e delle Galere, si sarebbero dimostrati a suo favore, e divozione; che avrebbe chiamati gli uomini del suo stato, introdotte dentro le forze del Duca Pier Luigi Farnese, che sarebbero state gagliarde e preste, e chiamate in aiuto le Galere Francesi per potere starc a fronte di quelle delli regni dell'Imperatore; oltre ciò si sarebbe accordato con lui, che dicono gli avrebbe fatto il medesimo partito che aveva il Principe, e per queste ragioni concludono, che ei abbia tentato un'impresa grande e sicura, da potersene promettere la vittoria certa, se morte non vi s'interponeva. Altri all'opposito contendono, che egli non poteva rimanere molti giorni Principe della patria; perchè oltre, che egli non aveva nella Città l'amor che altri pensavano, per le cause, che si dissero di sopra, li gentiluomini non lo avrebbero seguitato, perchè si gridava contro di loro, a' quali andava addosso la rovina; i cittadini popolari non lo avrebbero favorito per non fare tiranni di se stessi, e dei beni loro, un gentiluomo contrario alla loro fazione; la plebe non l'avrebbe aiutato se non gli avesse date in preda le case de' cittadini, lo che consentendo, si sarebbe suscitata una guerra civile tra plebe e cittadini, gentiluomini e popolari che avrebbero voluto difendere se medesimi, e le sostanze loro dalla ingordigia di quegli. Dai suoi Castelli poteva egli avere pochi uomini atti alle armi; essendo gran parte di loro nudriti nelle montagne, atti piuttosto a rubare che a combattere con chi avesse mostrato il viso; che le forze del Duca sarebbero state grandi ma poco sicure, e fedeli al Conte che non poteva però prendere più forza di quella che possa aversi da Signori nuovi, i quali non risguardando il più delle volte a fede nè a religione, per tutte le vie, che loro pajono più sicure, procurando di ampliare lo stato loro, e tanto più in questo caso, ove si trattava di un principato maggiore del suo (28); nel quale si dee credere che quando non avesse fatto torre la vita al Conte l'avrebbe piuttosto voluto per soggetto, che compagno, e gli sarebbe riuscito, perchè dopo di aver introdotte le prime genti aveva comodità di fomentare numero maggiore. Aggiungono a questo che il Conte correva pericolo dopo morti i gentiluomini di non rimanere oppresso dal Popolo, che si sarebbe ritrovato armato, il quale avrebbe piuttosto voluto viver libero, che sotto la sua tirannide. E chi considererà le azioni del Verrina, con qual studio avess'ordita tanta rovina alla Patria, senza averne mai avuta giusta cagione nè beneficio dal Conte per desiderarlo Signore, potrà far giudizio, che forse avrebbe pensato farlo uccidere, per qualche sua vana speranza di dovere rimanere nel Popolo con autorità. Oltre che anco i Capitani e confederati Cesarei, sarebbero andati alla recuperazione della Città con molta gente; e già sul primo avviso il Cardinale di Trento mandò al Principe Ferrando Gonzaga per sapere a qual parte doveva egli incamminare cinque o sei mila fanti, che in un punto sarebbero stati ad ordine. Il Duca di Fiorenza avrebbe fatto accostare i suoi Battaglioni della milizia; le Galere di S. Maestà per li tempi, che fecero buoni sarebbero state presto alla ossidione; da quelle di Francia egli non poteva averne soccorso, perchè le avevano disarmate a Roma. Nella Città non erano vettovaglie; talchè dalla necessità sarebbe stata costretta darsi a cui gli avesse portato il pane, il quale non gli poteva venire, se non dalli Ministri Cesarei; sicchè per forza, o per assedio, concludono, che il Conte, quando pur non gli fossero seguiti gl'impedimenti sopradetti, era costretto abbandonare l'impresa. Che egli poi si fosse accordato con l'Imperatore dicono, che dee essere fuori dell'opinione degli uomini che essendo egli tanto giusto e magnanimo avesse preso a suo servigio un uomo sì malvagio e facinoroso, e che l'aveva tanto offeso, ammazzati i suoi Capitani, presa la sua armata, e posta in rovina una tanta Città a lui devota, e confederata; o quando pur mosso da qualche oggetto avesse avuto pensiero di farlo, che non poteva seguire perchè egli non avrebbe mai potuto pigliar fede del Conte, e questi non si sarebbe fidato di lui. E quando il Principe non può fidarsi del ministro, nè quegli non si assicura del Principe, mal possono star concordi insieme. Sicchè per tali ragioni, fanno risoluzione che egli avesse assunta un'impresa difficile disonorata e dannosa a lui, ed in rovina e distruzione della Città sua, che sarebbe rimasta afflitta, e consumata da tanta varietà d'accidenti, che le sarebbero seguiti. Chi ha inteso dunque l'uno e l'altro parere faccia il giudicio che gli pare.

E per ritornare ond'io tralasciai, dico che alle quattro ritornato il Principe a Genova fu quel giorno, e due altri seguenti, come padre della Patria visitato dalla maggior parte dei Cittadini, li quali in un medesimo tempo si rallegravano e condolevano seco. Questo facevano per lo grave eccesso fattogli nel sangue e nella roba da quei, ch'egli aveva benefieato; rallegravansi poi che la provvidenza eterna avesse preservata la sua persona da tanto eccidio. Molti Principi, e Signori d'Italia e di fuori, chi con lettere e chi con uomini a posta fecero l'istesso officio; e a questi in iscritto ed a quegli altri a bocca (rendendo le debite grazie) rispose (29): che lodava di tutto il Rettore del Cielo poichè con parte del suo sangue, e danno particolare restava rimediato a molti inconvenienti che potevano seguire, ed alla rovina che sarebbe successa alla Patria se avesse avuto intero effetto il crudel pensiero dello scellerato Conte, a cui Dio aveva data quella sepoltura, che egli si aveva procacciato. Fu creato il nuovo Duce (30) della Repubblica, fatti di poi il Magistrato della Guerra, l'Imperatore mandò Don Rodrigo di Mendozza a visitare il Principe, a dolersi del caso, ed a riferire al Duca e Governatori quanto a lui era spiaciuta siffatta violenza, commessa da un loro cittadino ed altre parole che si lasciano per brevità. Fu rivocato l'indulto fatto a Girolamo e suoi seguaci perchè pareva conceduto fuor dell'ordine delle leggi; rovinato il Palazzo del Conte, e i fratelli dichiarati rubelli, ed altri Cittadini intervenuti al tumulto banditi. Il Principe Ferrando Gonzaga d'ordine dell'Imperatore prese lo stato di esso Conte ribelle a S. Maestà, devoluto alla Camera Imperiale, che si rimise sotto la sua obbedienza tutto, eccetto il Borgo di Valdetaro, e Calestano, che prese il Duca Pier Luigi come suoi feudi (31), ed il Castello di Montobbio vicino a Genova dieci miglia, situato in mezzo alle montagne per natura, e per muraglie fortissimo (rispetto al poco circuito che aveva) al pari di qual si voglia altra fortezza si sappia in Italia. Considerando il Duca e Governatori il danno che potea apportare alla Republica si risolsero per quiete della Patria col buon volere di S. Maestà che fosse a proposito averlo, e smantellarlo, per levarsi ogni sospetto d'appresso; e conoscendo, che potendolo avere per accordo, fuggirebbero la guerra e molti altri travagli, mandarono il Pansa ad offerire a Girolamo partito di danari dando loro il Castello, che sarebbero stati tanti, che avrebbe potuto ovunque fosse andato vivere onestamente; ma egli come giovane di poco giudicio, e male da altri consigliato non seppe torre il partito ch' ogni altro prudente avrebbe preso, anzi si lasciò persuadere che per la difficoltà che vi era da potervi condurre l' artiglieria, e per la grossezza delle muraglie, non se gli poteva levar per forza; e quando pure avessero tentata l' impresa, sarebbe stato a tempo a darlo con migliore partito al Re di Francia, che l' avrebbe soccorso e difeso; talchè in alcuna maniera non doveva darlo, e tanto meno, quanto li passati suoi in altri tempi scacciati dalla Patria, e privi dello stato, come allora egli era, col trovarsi padroni di quel Castello ricuperarono ogni cosa, e che altrettanto poteva succedere a lui. Tali ragioni sarebbero forse state verisimili e buone quando i tempi fossero stati quali erano quegli de' suoi Antecessori. Ma se chi lo consigliava a rifiutar l' accordo, che gli era proposto, avesse misurate le forze e la fortuna di Girolamo con l' autorità di Cesare sotto il cui favore si doveva espugnare, e della Repubblica di Genova che aveva da porlo in esecuzione la quale aveva la comodità, non che di farvi condurre l' artiglieria, ma di farla fondere sul luogo; qual sia l' unione della Città, e le forze, ed autorità di S. Maestà in Italia diversa da quella degl' Imperatori passati; che il Re di Francia per soccorrer Montobbio non avrebbe voluto cominciare una guerra senza la quale non poteva eseguirlo, o se pure avesse tentato farlo, quante difficoltà avrebbe avuto; all' opposto qual fosse la condizione di quei tempi passati, e quella dei presenti, come secondo la verità d' essi variano gli accidenti secondo li quali è necessario variar proposito, e non camminar sempre per un sentiero; se avessero amato Girolamo lo avrebbero consigliato ad accettare, e non a ricusare il partito offertogli, e portar seco danari, ed il capo che vi lasciò col Castello insieme, dove il Verrina, che già era ito libero in Francia s' era anch' egli ridotto, guidato dal peccato per purgare il suo errore.

Il Duce e Governatori vedendo, che l' accordo non aveva avuto effetto, parendo che non si potesse fare impresa più giusta e più utile per la Repubblica, risolsero farlo espugnare per forza, e così furono deliberati per liberi suffragi cinquanta milia scudi per la spesa (32). E spediti Capitani a far fanterie a similitudine dei Romani quando mandavano a fare gli eserciti, tiraron fuori le artiglierie ed apparecchi della guerra, con tal diligenza, ed in tanto numero come se si fosse dovuta far impresa di maggior momento. E trascorso già mezzo il mese di Marzo giunsero le Fanterie; le quali pagate s' incamminarono al detto Castello, dove il primo d' Aprile andarono il M. Agostino Spinola Capitano Generale dell' impresa, insieme con due Commissarii. Indi con ogni celerità si attese a farvi condur l' artiglieria per la via dei Gioghi (33) più lunga ma men trista delle altre; la giunta della quale fu prolungata non solamente dall'asprezza del cammino, ma dalle pioggie che continuarono per tre mesi, le quali talmente disturbarono la cosa che non si potè piantare l'artiglieria attorno al Castello fino al principio di Maggio; dove nello spazio d'un mese, o poco più furono tirate (non ostante le pioggie) più di diecimila cannonate; talmente che sebbene le mura erano grosse, cominciarono nondimeno quei di dentro a ritrovarsi a tristo partito. E veggendo Girolamo mancargli non solamente i comodi dei suoi amici che forse glieli avevano promessi, ma i favori d'altri di autorità (34), che per avventura gliene avevano date speranze, mandò fuori persona a trattar col Generale e Commissarii di volersi rendere sotto certe condizioni, ma non gli furono accettate nè concedute. E continuandosi tuttavia la batteria, il Sabato, alli XI di Giugno, essendo entro il Castello le cose in disordine, privo Girolamo di miglior partito, si diede a discrezione de' Governatori; di maniera che quella guerra, che s'era cominciata senza paura per quelli di fuori, si trattò senza pericolo, e finì senza danno. Entrarono dentro i Commissarii con due Compagnie, furono uccisi Vincenzio Calcagno, Girolamo Manara, e due altri servitori del Conte, che la notte del trattato alla porta intervennero alla morte del Capitano Giannettino. Il seguente giorno furono mandati due Dottori per far l'esame a Girolamo, Verrina (35), e Desiderio Cangialanza partigiano del morto Conte ed altri ribelli, ch'erano prigioni; alcuni de' quali, che si ritrovarono al rumore furono condannati alla Galera, chi per più, chi per meno tempo, secondo il demerito. Ai soldati che erano nel presidio fu data licenza, eccetto ad alcuni che stipendiati dalli Governatori corsero la Città, la notte col Conte, li quali furono morti per giustizia. A Girolamo, Verrina, e Cangialanza rubelli della Repubblica fu formato il processo nel medesimo Castello dal Podestà della Città da cui furono a morte condannati. Ed il martedì alli Xij di Luglio, la mattina dopo appiccato il Cangialanza, furono decapitati Girolamo e Verrina; il quale volendo dare indicio che siccome in vita era stato astuto, audace e crudele, alla morte era costante ancora, la notte precedente non solamente fece animo agli altri due, ma a se stesso dicendo: che la morte si doveva accettare volentieri quando Dio la mandava, e che s'era meritata come la meritavano loro, col cui volere, e con la giustità che così comandava', dovevano dandosi pace ad essa conformarsi. Ancorchè dall'altro canto negando l'officio di buon cristiano ricusasse volere lui confessar di sua bocca alcun particolare del trattato, nè d'altra cosa che fosse potuto essere a beneficio della sua patria. Ora chi considererà il fine ch'ebbe il Conte, il successo di quel Castello, la morte di quegli altri potrà giudicar tutto esser seguito per giudicio divino, e non da provvidenza dei mortali; dovendo sovvenire a ciascuno, che può molto più la bontà eterna, che la malizia umana; e quanto sarebbe egli stato al Conte di maggior onore e gloria, ed utile a casa sua che egli avesse goduto in pace, e riposo di quello che dal supremo Motore con sì ampio dono gli era stato conceduto, che volendo usurpare con tanta scelleraggine quello che non gli apparteneva, procacciarsi la morte, e forse un'eterna pena con la rovina della sua casa, per lo esterminio della quale non poteva tentare strada più espedita. Ancorche forse possa dirsi dall'altra parte, che fosse così permesso dai Cieli, che quel che già per tanti anni addietro aveva avuto principio nella sua stirpe, se è lecito le cose piccole alle grandi assomigliare, dovesse avere il fine del suo corso, come già sono finiti tanti impèrii, dominii, e principati, fondati sopra il sangue e virtù di tanti uomini valorosi, e come questo secolo una volta avrà parimente il suo fine.

DOCUMENTI

RELAZIONE DI RAFFAELE SACCO

AD UN SUO AMICO

Estratta da codice sincrono esistente nel Convento di S. Maria di Castello di Genova (36).

Dopo di avermi ascoltato l'amico, mi rispose, esser pronto a volermi raccontare dal principio al fine tutte le pratiche, discorsi, ed effetti trattati, per il Conte Giov. Luigi sin al giorno di quella scelleraggine, fatto giuramento sopra l'ostia sacrata di dir la verità, per quanto è venuto in sua notizia; credendo però, che poche pratiche abbia trattato, che non gli siano stati dal detto Conte pubblicate. Ed interrogato chi fosse stato il primo motor di questa scelleraggine, mi disse volersi estendere più oltre in raccontarmi altre prime pratiche delle quali si è venuto poi assottigliando e poi inclinando a questo maledetto disegno. Dice che il primo anno che M.ʳ di Lanqui venne in Piemonte cominciò a persuader esso Conte di accordarsi col Re per via de' suoi sudditi e lettere. E dando il Conte orecchio, venne per tal effetto M.ʳ Pier Luca Fiesco di Cravacore (37); però avendolo alcuni tenuto con ragioni e fattogli conoscere la grandezza di Sua Maestà Cesarea in Italia, e la sua poca autorità in Genova, con la grande del Principe, che arrischiava di perdere il tutto, e che scoperto da essi Francesi non aver egli l'autorità in Genova che da alcune persone poco considerate loro era stato dipinto, non farebbero conto alcuno di lui, a ciò parve assentisse il detto Conte, e con buon modo levò mano da detta pratica. Suscitarono poi alcuni, e cominciarono a metter legna sopra il fuoco conoscendo in molti modi la sua trista inclinazione, dicendo che perderia vivendo in quella maniera tutta la pòca autorità che aveva acquistata, e offerendosegli molto caldamente; il che di nuovo lo spinse a dar orecchi al detto Pier Luca, il qual mai mancava di sollecitarlo sopra la detta pratica; e con questa opinione di entrar al servizio de' Francesi, e con maggior opinione caldamente entrò alla compra delle galee, le quali avute, da me e da alcun altro fu consigliato che s'intrattenesse finchè il Papa avesse pagato e che in questo tempo la fortuna gli avrebbe forse dato occasione di più grandezza di quella poteva aspettar dai Francesi, accomodandosi fra tanto a dover dissimulare. Successe poi la sua andata a Roma, nella quale per quanto il detto amico intese, il Papa gli disse: rallegrarsi a vederlo e conoscere per quello gli era stato dipinto, e crescergli l'affezione, e dirgli anco quello sapea gli aveva anche prima detto il Duca suo figlio: che il Principe era vecchio e dover veder lui di non restare la sua casa soggetta ad altri, e che in tal caso sempre che gli accomodasse, oltre le forze del Duca suo figlio anche delle sue, si servisse. E dice il detto Sacco le medesime parole essergli prima state dette dal Duca, e l'ultima volta che il detto amico fu a Piacenza, il detto Duca le disse anche a lui, e che le dovesse ricordare al detto Conte. Quelle parole dette dal Papa mossero assai l'animo del Conte, gli fecero voltare molto così il cervello.

Il Cardinale Triulzio (38) per altra mano in secreto lo strinse assai, con offerirgli molti partiti certi e grandi per parte del Re, il che lo indusse a risolversi subito, che fosse a Genova. E datone parte ad alcun suo amico, quando che fu qui, ed appresa la portata delli sette per le sue galee gli parve che fosse parlato in suo carico per lo fraudar che fecero dette galee alla gabella, ed in uno instante chiamato il cavalier Sfondrati si risolse pigliar partito coi Francesi; e così fatto, li capitoli sottoscritti alli 21 novembre li diede al detto Cavaliero che doveva concluderli in Roma con il Cardinale Triulzio. E spedito il detto Cavaliero sopraggiunse il Verrina, al quale il Conte disse il tutto e parve ne restasse sorpreso, pur disse al Conte: « io ho satisfa-
» zione d'ogni vostro bene, però lascierò la considerazione a voi ». Il Conte sorpreso di tal risposta lo richiese, che voleva dir quel *però*; rispose il Verrina in questa forma propria: « Sig. Conte quando io vi
» vidi comprar le galee, giudicai, che cominciaste a svegliarvi, ed io
» desideroso accompagnarvi ad una grandezza alla quale mi pare vi por-
» tasse la fortuna, se da voi medesimo non ve ne ritirivate, non ho
» mancato per quanto ho bastato di usar molte arti, e molta fatica a
» farvi prendere nel core a questo popolo, e mettere in disgrazia a quelle
» persone che sapete; e adesso che vedo il giuoco unito, e che andate
» voltando sopra Francia, e tante baie, resto ingannato del vostro spi-
» rito e del vostro cuore assai. Come! voi dunque pensate ammazzare
» Giannettino, e fuggirvene in Francia? Oh che grande onore, o che ri-
» putazione ne acquistereste! lo avete ben considerato? A me par di no ».

Gli rispose allora il Conte: « che vorrete dunque che io faccia? » « Voglio,
» rispose il Verrina, che in un punto ammazziate il principe, Giannettino,
» M.r Adam con tutti gli altri gentiluomini, e altri, quali possiate te-
» mere e farvi Signore di Genova e delle galee ». Parve al Conte una baia,
e disse il Verrina « vi farò toccar con mani la facilità grandissima. Vi
» è la guardia della Piazza di 170 soldati, tra quali ve ne sono alcuni
» inutili. Lercaro ha 90 fanti fra' quali ve ne sono alcuni anco inutili, in
» modo, che quando la Signoria abbia 200 fanti ad effetto, è tutto il suo
» sforzo, tra' quali fra sudditi, e amici non può fare che non abbiate da 40.
» Le galee sono alla Darsena con le armi sotto coperta, senza gelosia
» nè sospetto alcuno, per il che ho considerato che volendo, senza al-
» cun risico avrete tutto in mano ». Udendo questo il Conte gli disse;
» come si poteva fare? » A cui rispose, « io voglio che facciate venire due
» galee delle vostre, sotto colore di mandarle in Levante, per poter intro-
» durre dentro quelle, quelli soldati che vorrete, e per dare manco sospetto
» si terminano poi in una sola, e che fra tanto cominciate con ogni
» sforzo a restringervi, quanto sia possibile al mondo con Giannettino,
» acciò non gli possa intrar alcun sospetto nella fantasia, perchè altri-
» menti tutto resteria rovinato ». Restò il Conte mezzo stordito, pur disse:
« pensiamoci questa notte e domattina risolverò ».

L'altro giorno che fu alli 22 novembre, subito il detto Verrina la mattina a buona ora fu dal Conte e stettero assai sopra questa pratica nello
scagno, secondo dice il detto amico. Egli con M.r Paolo Pansa vennero
in casa, e li trovarono che uscivano dallo scagno alli quali per dissimulare, disse il Conte: « Orsù il Verrina mi ha trovato forma della seconda
» paga delle galee, e spero con poco interesse ». Ed eglino se lo credettero,
e lo laudarono assai a tenersi caro un tal amico. Partito il Verrina il Conte
fece subito chiamare il detto amico, e dissegli che spedisse subito un uomo appresso al Sfrondato a ricuperare il pacchetto con la capitolazione
che aveva fatto con il Re; del che restando il detto amico meravigliato,
gli disse che gli contasse la causa; allora gli disse ogni pratica trat-
tata con il Verrina per ordine, e che più non voleva mutar proposito
essendo questo in molta sua satisfazione. Allora, ha riferito il detto
amico, sentissi venir il freddo, e tra che da sè era pauroso, e che
sempre ha veduto alle grandi imprese impedimenti non considerati, cominciò a dissuaderlo dalla detta impresa, dicendo che non credeva
le cose tanto facili, vedendo in effetto, che tutta la sua fede consi-
steva in isperanza del popolo vano e vile, e che ogni poco contrasto
che ritrovava, egli ne potrebbe con ogni vergogna e biasimo di tutto il
mondo restar disfatto, e che simili cose e di tal momento, non erano
da risolversi in un punto, e che lo pregava dar anco a lui un poco

di spazio da pensarvi. Gli rispose il Conte, che voleva ajuto non più consiglio. E subito di esser desinati ritornò il Verrina, e chiamato il detto Amico si recarono li quattro soliti insieme, e si replicarono e si ridissero tutte le parole dette di sopra, e l'amico disse che dissero: presupponiamo, che il disegno sia riuscito, in che modo ne resterà poi il Conte Signore, restando la terra in mano del Popolo armato? Una sola voce, che dica, noi vogliamo un governo di un popolare e non di gentiluomo acciò poi non restasse tiranno, e riuniti fra loro li principali del popolo e considerato come per regnare è necessario abbassare li grandi, e gustassero anche loro il regnare, vi parrebbe che fosse stato un disonorato disegno farsi ponti ad un popolo di tanta crudeltà contra tutta la nobiltà senza causa alcuna, e non restarne poi anche Signore? Disse allora il Verrina; « questo sospetto vi voglio » levare, perchè prima, che si avesse a parlare di governo nella città, » e il rumore restasse quietato passeriano delli giorni assai, se non si » ci provvedesse. Io voglio che il Conte occupi il Palazzo quanto più » presto, e che fra due giorni faccia intrare armati più di 2000 dei » suoi sudditi, come più potrà, e in appresso li 2000 de' quali dise- « gna di prevalersi del Duca di Piacenza, e avuta la terra in mano, » estinta la nobiltà, che si domandi a palazzo quella quantità di citta- » dini che si potrà, sotto pretesto di metter governo in satisfazione di « tutti, ed io che ne avrò già ridotto una parte, e altri trovati, essendo » appresso con la maggior parte dei nostri amici gli metterò in capo una » berretta ducale e gridando, salutandolo Duca, non sarà persona la quale » osi opporsegli, e se pur ve ne sarà, l'ammazzeremo subito; eccovi re- « sterà eletto ». Con tante ragioni e con tante esortazioni che non voleva avessero replica nè contraddizione, si conclude questa maledetta congiura, il giorno che fu li 22 novembre, in cui si ordinò un solennissimo banchetto, al quale si doveva invitare il Principe, l'Ambasciatore, il capitano Giannettino con suo figliuolo, il M.º Adamo con anco li suoi, il Contino Lercaro, e molti altri suoi amici che gli avevano prestati denari, e ammazzarli tutti, e forse tutti quegli altri si ritrovassero, e così procedere apprestando le cose opportune. L'amico giudica che il Verrina avesse quadriglio importante, perchè dicea sempre, che sarà ben accompagnato, ma però egli non l'intese mai nominare alcuno. Non passarono molti giorni, che una mattina di buon'ora, una persona andò a ritrovare il Conte e gli disse « sig. Conte, » io sono mandato da voi per chiedere se avete animo di farvi Signore » di Genova o non ». E il Conte gli rispose maravigliarsi di sue parole, e si rallegrava, che uno amico come lui gli desse simili baie, dicendo che in lui non era a sperarsi, ne aver comodità di farlo. Gli rispose quello, che l'aspirare non era da maravigliare, essendo egli nato Signore, che ei non potevalo fare, ma saper bene che molti erano risoluti di non vivere più sotto quel governo, e che prima resti Genova tutta arsa, e per tal effetto aver pacificati gli amici, e risolvendosi si potrebbe fare uno stato di Adorni, del quale resterebbe poi in tutto padrone, avendo le porte della città e riviere, e assai più autorità, che mai abbia avuto alcuno de' nostri. Il Conte già avvertito dall'amico che temeva non fosse uccellato, e che gli aveva ricordato il dar sempre il capo a scoprire il tutto con buone parole; gli rispose, che aveva rispetto essendo lui gentiluomo, che se gli dimostrava amico, però gli dispiaceva tanto l'effetto che quando avesse avuto opinione che si doveva eseguire, che fosse certo lo pubblicherebbe. Della qual risposta parve essa persona restarsi tanto invaghita, che il Conte la ritenne seco, e gli fece mille carezze per assicurarlo, e conservarlo amico.

E ridotti gli amici insieme, gli disse non bisognar perder tempo, essendoci degli altri attendenti e raccontò il tutto. Il Verrina come spirito inquieto voleva che intendesse il nome delle persone, che si offerivano a tale impresa, avendo offerto detta persona di pubblicarli quando il detto Conte volesse attendere al partito, e dall'altro canto dissuadeva l'esecuzione totalmente. E l'amico se gli oppose dicendo, che così risolveano non intender la pratica; il scoprirgli, è tirarsegli tutti nemici capitali; e sopra ciò puntatosi alquanto quel medesimo giorno, disse alla Contessa: questo vostro Verrina che adorate tutti, Iddio voglia, e basta, veda lei ciò che si può intendere. E perseverando nell'apparato del banchetto, il Verrina mandò un mulattiero a Milano per provigione, mandò in casa due forzieri di munizioni, 100 spade, 100 rotelle e cinquanta diversi archibugi e altre armi d'asta prese sotto la ripa. E in questo mezzo dice l'amico, che dicendogli il cuore del continuo mal di questa impresa, e piacendogli più la prima, lo disse al Conte, un giorno, ed esso gli disse: Io temo di questo Verrina, vedendo il suo animo tutto mal inclinato con desiderio sotto la vostra ombra, e autorità, disegna di fare un viva popolo, e ammazzar quei gentiluomini, in appresso voi; perchè se egli potesse vorrebbe farsi Signore egli, nè sin qui di lui avete fatto alcuna esperienza in cosa importante; nè in lui si vede altro fermo proposito solo di estinguere la nobiltà, senza che gliene sia mai stato data causa. Gli rispose allora il Conte: mi farete dire, come dissi l'altro giorno a mia moglie che siete un maligno, e che non potete vedere in questa un che mi ami, così risolvetevi di non mai più dirmi nulla, solo con ogni potere attendete alla impresa. E venuto il Natale, il Conte trovandosi con gli altri due, lor disse: per cosa certa aver inteso, che il Principe non andava a banchetti; si deliberò invitare gli altri, e il Verrina si prese carico con certi già deputati di andarlo ammazzare in casa disegnando trovarlo discompagnato. Intanto disse il Conte, che gli dolea pur assai, in casa sua presenti madre e sorella, usar tanta crudeltà. Subito il Verrina gli disse queste proprie parole: « Voi mi parete di animo » femminile, che tanti rispetti io dubito davvero che non procedano » da viltà, e quando ciò vi dispiacerà, io ci ho già pensato, che sia » meglio farla di notte e così ve la voglio dare più facile. Voglio che i » soldati e altri, che io condurrò per tal effetto, li mandiate subito ad » occupare le porte dell'Arco, e quella di Santo Tomaso, nel che con » li mezzi consigliati non vi sarà contrasto alcuno, e con il corpo della » gente andare ad assaltare le galee, quali si troveranno senza sospetto e » poi gridar viva popolo, e poi mandar in casa del Principe alcuni deputati » ad ammazzarlo, e con tutti gli altri designati, che si potranno avere ». Questa forma piacque più al Conte, e cominciò ad accelerar più il termine; il quale si concluse per quella infelice notte per quelli termini, che ad ognuno doveano essere manifesti. E alla uscita fu detto al Conte: voi vedete in che ballo ci siamo posti; voi avete molti parenti, cioè il Card. Nicolò, suo figlio, M.° Ettore e altri, quali forse desiderate salvare, e in tal caso saranno degli altri che faranno il simile, bisogna sapere se vi hanno da andare tutti o non. Allora rispose si ammazzino tutti e si cominci dalli miei (a). Resta avvertire Sua S. C., che in Francia si negozia per gli Adorni sotto ombra di piatezzare la comendaria di Morello per lo sig. Giorgio Adorno e io per due volte in modo sono stato ricercato da molti, così alle persone grandi conviene vivere altre sorti che prima, poichè si è molto disegnato sopra la sua vita parendoli mezzo di poter succedere importanti effetti. Mi scordava dire, che quando l'anno del 36 Piero Strozzi, la seconda volta, fece l'adunazione di 6000 fanti nelle circostanze del Piacentino e alla Mirandola per passare in Francia, il Marchese del Guasto che aveva notato, che egli voleva passar le montagne, scrisse al Conte che volesse provvedere nel suo paese, e dissimulando volerlo fare si andò a ponere a Montobbio non con animo di sturbarlo, ma per dargli avviso che l'armata delle galee con la fanteria aveva impedito, che non lo poteva introdurre per la Porta dell'Arco dentro di Genova secondo il concerto fatto tra loro, e gli mandò due guide, che lo condussero alla città, e indi si salvò in Piemonte, come si deve avere per memoria.

(a) Nel tratto seguente regna grande confusione. Io lo pubblico qual'è.

LETTERA

DI SUOR ANGELA CATERINA FIESCO SORELLA DI GIO. LUIGI
alla Signoria (39).

Illustrissimi ed Eccellentissimi Signori miei osservandissimi. — S'io la giusta querela della patria, se la di Vostre Eccellenze considero; se di me indegna ancilla dichiaro la poca esperienza, se l'altezza delle Illustrissime Signorie Vostre risguardo, con la voce cademi la parola; sollevami poi il mio Signor Iddio collo sperar nella bontà e clemenza di quelle. Lui non vuole, ch'io vilmente in tanto bisogno manchi di supplicare in terra prostrata, abbracciando li cristiani piedi di Vostre Illustrissime Signorie, del debito supplicare. Iddio sommo ed eterno quello spiracolo santo fia che dii quella grazia nel cospetto di Vostre Illustrissime Signorie avria per essi, qual ebbero del già giudicato a morte Re d'Israel nel cospetto di sua divina maestà, quando se gli umiliò, e con lagrime chiese perdono. Dio, il quale quei, che giudicano gli uomini in terra sempre debbono avanti gli occhi avere, adopera con li peccatori, e la giustizia e la misericordia: per tanto nel caso lagrimabile di mio fratello spero trovar l'una e l'altra. Le Illustrissime Signorie Vostre secondo il consueto suo quanto alla giustizia quello come prudentissime considereranno, che detto infelice mio fratello all'improvviso fu condotto a quella poco buona, anzi malissima impresa, da quel nostro mal considerato fratello qual gli poteva comandare; al quale presto il giusto Dio dette fine, e restando questo sciagurato senza consiglio fece quel che fece più per poco discorso e manco esperienza che per malignità d'animo; perciò le Illutrissime Signorie Vostre ponno considerare di qual qualità sia stato lo fallir suo. Le supplico non manchino di ricordarsi, come da quelle gli fu perdonato, il qual perdonargli fu confermato per decreto da lor medesimi; di poi piacque a quelle di non più servarlo. Da quella notte in qua, come sanno le Illustrissime Signorie Vostre, lui non ha peccato contro loro; quel che ha fatto poi, ha fatto per difender casa sua, e quel luogo il quale è stato posseduto per tante centanara d'anni legittimamente dalli nostri antecessori; e detto luogo è sempre stato aperto a molti comodi della città; sicchè per tante ragioni, e molte, che quelle per sua sapienza intendono, possono per giustizia conservare, e liberare detto mio fratello. Circa alla misericordia tutti li principi la debbono aver come uno specchio avanti il cospetto loro, e ricordarsi quel dice l'Evangelio: *Beati misericordes quoniam ipsi misericordiam consequuntur;* non smenticandosi, come nel trattar le convenzioni di rendersi il Castello, secondo che ho inteso, quelle hanno dato ferma speranza a quelli di dentro di servargli le persone; e che dipoi, essendosi dati alle Illustrissime Signorie Vostre a discrezione, si promettevano assai largo partito per la clemenza di quelle, pensarono, come sempre fanno quel che ei convenga fare ad un principe pietoso e buono verso quelli che si gettano nelle braccia della sua pietà. Ancora so, che sovvenirà in mente all' Illustrissime Signorie Vostre, che detto mio sventurato fratello è giovine privo di quel grado onorato, che sempre Dio per tanti anni ha conservato a' nostri antichi, e che ne è stato privo non per sua cattiveria, ma per causa di chi l' ha potuto rovinare. Prego le Illustrissime Signorie Vostre con lagrime e sospiri amarissimi, si vogliano ricordare che questo poverino sciagurato fu figliuolo di quella felice memoria del signor Sinibaldo Fiesco, (ahi dolcissimo padre dove sei!) che anche lui fu autore della santa unione e libertà, la quale cercò mentre visse del continuo mantenere. Mi mancano gli spiriti per il gran dolore, perciò farò fine aggiungendo solamente che le Illustrissime Signorie Vostre si degnino considerare la miseria e calamità a noi occorsa; le quali tutte per la pietà cristiana priego, scongiuro e supplico li faccian pietosi in aver misericordia di questo sciagurato ed infelice mio fratello, ed a me sua addolorata e poco men che morta, misera sorella, donare la sua vita, qual sarà sempre per esponer in servizio di quelle; e non avendo io altro che darle in ricompensa, pregherò il Signor Iddio del continuo con tutto il core che si degni per sua misericordia qual tanto gli piace, conservare e prosperare questa santa unione; e con le lagrime gittandomi ai piedi delle Illustrissime Signorie Vostre nelle viscere di Cristo me le raccomando, che nostro Signor Iddio le conservi.

Dal nostro monastero di Sant' Andrea alli venti di giugno 1547.

Delle Illustrissime ed Eccellentissime Signorie Vostre umilissima servitrice e dichiaro ancilla

Sconsolata Suor Angela Catterina Fiesco

LETTERE

DI RAFFAELE SACCO UDITORE DEL FIESCO (40)

I.

Al Magnifico Messer Luigi Ferrero mio onorevolissimo.

A Savona

Magnifico messer Luigi mio onorevolissimo. Io mi trovo qui in Torino sano della vita, ma afflitto e poco contento come potete credere; vi mando l'allegata per mia moglie qual vi prego mandarle, e se vi capitassero mie lettere vi prego adrizzarle qui in casa del signor Presidente Gatto, ovvero all'osteria del Delfino; e quando vi manchi modo adrizzatele a Nicolò Fallito a Carmagnola, che ogni giorno vien qui, e sa dove sto. Del resto non so se abbiate avuto le nuove mie lettere; io non ho mai avuto avviso vostro.

Di nuovo, se è vero che il re d'Inghilterra sia morto, credo avremo guerra in Italia. Oggi ho lettere di Corte dal Signor Presidente Gatto qual molto vi raccomanda; e così faccio io, desiderando vostre lettere; che Dio tutti noi consoli

Da Torino li 15 di febbraio 1547.

Vostro RAFFAELE SACCO

II.

Alla mia carissima Consorte Alessandra Sacco.

A Genova

Carissima Sorella. Per tre altre mie ti ho dato nuova di me, che son sano, ma tanto affannato de' dispiaceri che sento di te, e delle cose tue, che mi par miracolo ch'io sia vivo. Questi Signori Francesi mi hanno aiutato a intertenere, ed ho speranza di trovar in Francia partito: ma niente mi giova sentendoti in travaglio, però io mi confido, che hai le tue cose chiare. Lo tuo instrumento di dote ti assicura le tre quarte parti della casa di Savona, e più tutto quello che resta non basta al tuo pagamento: non ti abbandonare, e sta in Genova fino che sia chiarita la tua dote: poi vendi ogni cosa dalle cose di vestire e cose bianche in fuora, e ritirati con tua madre, se lei si contenta pagando li tuoi scotti. Io penso di tornare di Francia presto, e di quello che farò ti darò avviso. Vorria la mia valige ed un saio, cappa ossia tabarro, e cose bianche col mio stuccio, e le potresti mandare come cose di messer Gerolamo Pedro, che le mandi qua all'osteria del Delfino, ovvero per via di messer Luigi Ferrero, qual me le manderà. Io ti ho mandato una lettera per Cecchino della pigione del giardino, e farà assegnarti tutti li denari della casa e del giardino per tua dote, acciocchè tu possi scuoter le pigioni; e farai vedere che nell'instrumento fatto ultimamente con gli Assereti receputo per Domenico Conforto notaro, vi è un patto che non volendo star in casa debba pagar oltre le lire 50 altre lire 40, e farai copiar l'instrumento e mandamene una copia. Io ti mando lettere per il borgo, per messer Giovanni Maria per li denari che debbo avere da Antonio, quali te li farai assegnare, poi si sconteranno quando a Dio piacerà; pure farai scrivere a messer Giovanni Maria da tua parte, che voglia farti pagare, e mi darai nuove di te; farai ricorso da messer Antonio Defornari, da messer Nicolò d'Oria, da messer Giovanni Gerolamo Salvago, e da altri amici; e del resto prega Dio per me che mi liberi da tanto dolore e mi ti raccomando. Questa lettera sia comune anche a tua madre ed a Gerolamo.

Da Torino li 22 di febbraio 1547.

Tuo Consorte infelice
RAFFAELO SACCO

III.

Al Magnifico Messer Luigi Ferrero mio onorevolissimo.

A Savona

Magnifico messer Luigi onorevolissimo. Per via di Carmagnola vi ho scritto del mio ritorno di Francia: e non ho vostre lettere che desidero assai; il presente messo non ho voluto che parta senza mie lettere. Io son sano, ma tanto travagliato di affanni come alcun uomo vivente possa esserlo; come voi potete credere non dico li sospetti. Ho tanto dolore del travaglio de' nostri come di me, avendomi detto il messo che mia madre era a Genova chiamata; pur credo avendo lei e mia moglie le cose loro chiare, non le sarà fatto torto. Vi prego a confortare mia madre che non le scrivo per non darle affanno: io son sano; e questi signori mi han dato qualche poco intertegno, benchè non suppliscano alla spesa, pur aiutano. Io aspetto il signor Presidente Gatto, ed ho altre pratiche di partito; e mi credo non

non mi mancherà modo di trattenimento; io son qui appoggiato da amici, ed il Presidente Birago e tutti questi signori mi fanno carezze. Quando mia moglie per mezzo vostro mi mandasse una valise di robe da vestirsi, mandatela al signor Presidente Birago, indrizzata Carmagnola. Di nuovo le cose paiono inclinare alla guerra, massime poichè il re d'Inghilterra è morto qual dava timore a' Francesi; ed or par che si stabilisca con Francia. Io credo tornar alla Corte fra 15 giorni, pur non mancate di scrivermi e vi raccomando le alligate, mandatele l'una a Cappellino, l'altra a messer Luis de Vigo; mi raccomando.

Da Torino li 22 di febbraio 1547.

Vostro RAFFAELE SACCO

IV.

All' Illustrissimo Signor mio Osservandissimo il signor Conte Gerolamo Fiesco.

A Montobbio

Illustrissimo Signor mio osservandissimo. Per altre mie ho scritto a V. S. come era bisogno rimandare alla Corte, con mandato di V. S. che del resto a tutto si provvederà: e bisognano lettere di credenza per il Re, per il Delfino, per monsignor Ammiraglio, per li Riverendissimi Cardinali di Tornon e di Ferrara, per monsignor di Termes e monsignor di Cugnano; e bisogna almeno aver cento scudi se io debbo andar, perchè bisogna esser a cavallo e si spende; e fatta questa provvisione non è che dubitare, perchè si otterrà soccorso massime, che le cose sono inclinate alla guerra; io aspetto nè ho modo di partirmi senza questa provvisione. Ho scritto al signor Pietro Luca che provvedesse, ma mi dubito non vi abbi modo: desiderava aver meco un di casa per mandar Pietro Antonio alla Galera essendo più atto a quest' esercizio. V. S. lo facci se egli è possibile, e si mostri uomo e animoso, perchè di qua ci avemo molti amici, non perda tempo di provvedere a quello, che si può alle fortezze, e del resto stii gagliardo perchè forse se Dio vorrà il mondo potria aver un'altra faccia questa estate; e il farsi veder uomo, vale con gli amici e con li nemici: e con questo le bacio la mano, e me le raccomando con la compagnia.

Da Torino li 22 di febbraio 1547.

Di V. S. Ill.ma

SACCO RAFFAELE

V.

Al molto Magnifico messer Pietro Francesco Grimaldo Robio
mio Signore onorevolissimo.

A Genova

Molto Magnifico Signor mio onorevolissimo. Son stato un pezzo ambiguo s' io dovea scriver la presente, perchè se bene la causa è degna da non tacersi, pur dubitava farlo, perchè così volendo Dio, in quella città l'opre de' Savonesi, se fossero il Pater nostro (41) son giudicate biasteme. Se così non fosse ovvero fossi nato e apparentato in Genova non solo avrei scritto, ma mi sarebbe parso cosa facile a riuscir impunito o levemente punito, come son molti, che m' avanzano di colpa; però non ostante questa inegualità, m' è parso non tacere, e piuttosto che mancare a me medesimo, all' onor mio, alla casa mia correr rischio, che la presente sia giudicata indegna di esser seguita nè messa a loco, io satisferò a me stesso, a Dio, e forse qualche altra volta al mondo.

Ho inteso da poco in qua, che Verrina vuol persuadere ch' io sia stato autore del disordine seguito, e non lui; parendogli che per la comune inclinazione che si ha contro Savonesi gli sarà facile, giusto che vede esser morto Vincenzo Calcagno qual poteva ben chiarire la verità, e ch' io son assente; però ho voluto con questa scrivere a Vostra Signoria e pregarla che si degni col signor Principe e con cui le piacerà, operar che si veda la verità: e che mi offero, mandando qui persona di fede e circospetta a qual si possa fidare il tutto, dar tale giustificazione che ognun sarà chiaro che il Verrina è stato autore, capo, mezzo e fine dell' impresa, e ch' io d'aver taciuto in fuora, del che non mi pento, non ho fallito; perchè non pareva esser officio mio, propalare cosa per la quale dovessi a un mio padrone far perder la vita, lo stato e l'onore, come anche non l'han fatto de' molti altri che sapevano tal cosa, e avrebbero potuto palesarla, e pur son negli lor letti; e io no, perchè son savonese. Ne ho scritto all' Illustrissimo signor Duce, e se le parerà farlo mi piaceria che mandassero un paro di V. S., perchè li corrono molti particolari degni di rispetto e considerazione: e perchè qui non è facile entrar persone forestiere, potria mandar l'uomo adrizzato a messer Battista Spinola e messer Bernardo Vivaldi agenti nel vescovato, sotto color d'aver a negoziare con loro, perchè io mi darò loco con persone qualificate di parlar chiaro e veridicamente. Nè io dico questo perchè dimandi grazia o perdono, ma solo per non restar incaricato di quel che sono innocente, e che la verità sia conosciuta: sia poi giudicio di quelli Illustrissimi Signori, se le parerà ch'io sia giustamente o ingiustamente punito, far questo se lor parerà convenirsi a loro per debito della giustizia. Nè le dirò altro salvo che me le raccomando.

Da Torino li 9 di luglio 1547.

Di V. S.

A servigi. — Raffaele Sacco

GRIDA

DEL GOVERNO GENOVESE CONTRO I CONGIURATI

Essendo proibito per gli ordini di questa Repubblica a ciascheduno il praticare o aver commercio con ribelli sotto grandissime pene, a fine che alcuno per inavvertenza non caschi in le pene già dette, si notifica e comanda per parte delli prefati Illustrissimi Magnifici a ciascheduno sii chi si voglia, che non presuma praticare ne aver commercio alcuno sì di presenza come con lettere con li detti ribelli e banditi, e meno andare ne mandar cosa alcuna in lo loco di Montoggio sotto le pene in li già detti ordini contenute, e guardi ciascuno a non fallire perchè sarà chi errasse ben gastigato.

Duce ec. Volendo che quanto di sopra si contiene, sii in tutto l'intiero paese pubblicato, comandiamo ad ogni nostro ufficiale al quale faremo le presenti presentare, che faccia le sopra dette cose pubblicare e proclamare ognuno cioè nel luogo al reggimento del quale si ritrova facendo per man di notaro sotto le presenti forme, che sono state proclamate, a notizia di ciascheduno.

Da palazzo alli 12 di febbraio 1547.

In li atti della Cancelleria dell'Illustrissima Signoria

LETTERA

DEL PODESTA DI MONTOBBIO (42) ALLA SIGNORIA DI GENOVA

Illustrissimo e molto Magnifici Signori miei e Padroni Osservandissimi.

Gli agenti del signor Gerolamo Fiesco, e messer Giovanni Battista Verrina e Cangialanso, sotto pretesto d'aver ottenuto un decreto nuovo da Vostre Signorie Illustrissime di poter aver avvocati per far le loro difensioni sommarie, cercarono il giorno di mia partenza che li admettessimo certe loro scritture difensive, quali non li volessimo admettere per le ragioni infrascritte:

1.º Perchè la volontà del Principe nel decreto si giudica tale quale esser deve di ragione, ed in dubbio la volontà del Principe è di voler usar della ragione comune e non della grazia speciale, e la disposizione del Principe quando si può riferire alla ragione comune mai si giudica ch'abbia voluto dispensare.

2.º Che essendo il primo decreto esecutivo e il secondo cognitorio e senza clausola derogatoria, nasceva ripugnanza tra loro.

3.º Che declarato e condannato l'uomo per ribelle, non s'aspetta alcuna difesa sua, ma l'esecuzione e chi per tale tenta dalla ragione è declarato infame.

4.º Che admettendo noi queste loro difese senza espressa e chiaramente di Vostre Signorie Illustrissime derogatoria, a quanto fa in opposito, destrueremmo tacitamente il decreto degli Illustrissimi Collegi pubblicato li mesi passati contro tanti in esso declarati e condannati ribelli al quale non si può derogare salvo per li medesimi due Illustrissimi Collegi.

5.º Che con l'admissione di queste nuove difese, quello che mai non si è voluto concedere alli condennati, ora si concederà in pregiudizio del decreto vecchio sin'ora osservato in non admettere alcuno condennato in contumacia a nuove difese.

Queste medesime ragioni riferiscono in Signoria Illustrissima qual volle intender da noi perchè non li avevamo admesso dette scritture difensive. Questa mattina Bartolomeo di Valdetaro con una di Vostre Signorie Illustrissime d'esser intromesso dalli Signori Commissari in Castello, ha tentato che noi li admettiamo quel che già se gli era ributtato di ragione, perchè non teneva nuovo ordine da Vostre Signorie Illustrissime non si è admesso in modo che V. S. Illustrissime ormai non vi provvedono, siamo messi nel maggior travaglio del mondo, ed alcuni s'immagineranno, che questa maledetta causa se l'abbiamo tolta per particolare; e pur le sanno quanto abbiamo fatto perchè ne facessero grazia di non darne tal carico. Perciò quanto più possiamo devotamente le supplichiamo, che quanto più presto, ne vogliano liberare da questa intensa molestia risolvendosi chiaramente, che ovvero li admettiamo le loro nuove difese non ostante tutte ragioni dette di sopra, ovvero che revochino detto secondo decreto e stabiliscano che si proceda conforme alla ragione e secondo la disposizione del primo decreto esecutivo. Aspettiamo prontissima risposta.

Averanno jeri ricevuto altre nostre per mano di Domenico Gallo a cui le consegnassimo, ed a Vostre Signorie Illustrissime umilmente baciamo le mani ed in buona grazia loro ci raccomandiamo. Che nostro Signor Iddio le conservi.

Data nel castel di Montoggio alli 7 di luglio del 1547.

Di Vostre Signorie Illustrissime

Servitori Umilissimi
POLYDAMAS MAGNUS Praetor.
EGIDIUS Judex.

Relazione fatta per il Signor Agostino Spinola Generale dell' impresa fatta in l'espugnazione del castello di Montobbio per la Signoria Illustrissima, di quanto promesse e dette parola a quelli ch' erano in lo castello quando esso castello fu reso.

Disse e dette fede alli soldati forastieri, che se ne potessero andar liberi con le loro armi e robe di dosso, e se alcuno di loro fosse condannato o bandito restasse per conto della condanna o bando nel grado di prima poi d'essersene andato. E se di loro alcuno si fosse ritrovato in lo trattato o tumulto seguito in la presente città s'intenda restar alla discrezione dell'Illustrissima Signoria.

A tutti gli altri sien che si vogliono purchè non fossero stati in lo trattato e tumulto predetti, dette fede e parola che potessero andarsene liberi, restando se per altro fossero condannati o banditi dall'Illustrissima Signoria come di sopra in lo grado di prima poi d'essersene andati. Quelli che si fossero ritrovati in li detti trattato o tumulto s'intendano restar alla discrezione della prefata Illustrissima Signoria.

Anno 1547 die 22 Junii.

Illustrissimus Dux, Magnifici Gubernatores, et Procuratores etc.

Lecta ante hac coram eis relatione suprascripta et item hodie intellecto tenore ejusdem ac considerata ad calculos se se absolventes omni modo jure et forma quibus melius et validius potuerunt et possunt, decreverunt et decernunt omnia contenta in dicta relatione per prefatum Generalem promissa servari debere servari mandaverunt et mandant obstantiis quibusque in contrario non obstantibus (43).

3*

NOTE

(*) Non è questo il luogo d'occuparsi di genealogia. Federico Federici impiegò un intero volume per ingrandire la nobiltà della famiglia Fieschi, e Giulio Pasqua nei suoi *Monumenta comitum Lavaniae* MS. della Biblioteca Universitaria ne lasciò un albero genealogico. Il seguente documento risalendo ad epoca antichissima e dimostrando la verità delle asserzioni del Pasqua, parmi degno di esser pubblicato. Esso è estratto dal Registro della Curia Arcivescovile di Genova, che trovasi ora negli Archivi generali del Regno, ed io l'ho tolto da una copia che ne possiede l'avv. Francesco Ansaldo, che gentilmente mi permise di trascriverlo. Conservo l'ortografia e la sintassi del Codice.

MXXXI mense marci Ind. XIV. Imp. Conrado anno LV.
Libell. omnium Comitum de Lavania qui dicuntur filii Teodisii.

Cum peto Defensoribus Sacrosanctae Januensis Ecclesiae, ubi est Dominus Landulfus Episcopus, uti nobis Teodixe una cum filiis suis masculinus legittimis et si unus ex nobis sine erede mortuus fierit, unus alterius succedat titulo condicionis locare nobis jubeatis petimus Servis et Ancillis juris Ecclesiae Vestrae S. Syri nomine eorum id sunt Sempertus cum filiis vel filiabus una cum massariccio ipsius qui posito est vineti Eldepando Johannes Germanis, cum aliis Germanis et germane una cum uxores et filiis et filiabus illorum filia Andrea Ruso cum filiis et filiabus suis. Johannes filio Loperti cum uxores et filiis filiabus. Andrea cum uxores et filiis filiabus. Bernildo, Gotiza, Petrino mater et filio et filii cum filiis et filiabus. Johannes Ermeza Bruna, Germanis cum filiis filiabus Bernilda filii qcta Petri. Vincenzo Alberto fratribus cum filiis et filiabus. Teuzo cum filiis filiabus Aduxo mainuccio in meza. Eeriza filia Altrudi Germanis et sic petimus nos suprascripti petitores prediclis servis et ancillis, cum uxores et filiis filiabus illorum, cum omni con q.sta eorum et cum omnibus rebus juris ipsius Ecclesie quod.... servis detinent et habeamus potestatem supra scriptis servis et ancillis apprehendere et in servizio mittere ubi nobis oportunum fuerit, antepositis int servis et ancillis numerum sex juris ipsius Ecclesie nomina earum. Sigezo, Gtso, Jhos.

*et Johannes seu Boniza.... quod ipse dominus Landulfus Episcopus apras
in ista Ecclesia in sua reservavit potestate. Similiter petimus nos supra
scripti petitores res juris Ecclesie vestre qui posite sunt in Valle Rapallo
locus ubi dicitur Culture vel in monte et in Bocella vel per aliis ceteris
locis item petimus res juris ipsius Ecclesie q. posite sunt in finiza sige-
strina, in Mazasco vel in Valle Lavaniensis locus ubi dicitur Zullici in
Levulli, in Carnella, in Cortine, vel in Buda, Campo Sabadino sic petimus Roboreto cum rebus in monte p.bro omnia et in omnibus una cum
exitus sui. Etiam et petimus supra scripti petitores res juris Ecclesie Vestre Sancti Marcellini que posita est in valle Clavari, locus ubi dicitur macinola. Similit petimus nos suprascripti petitores Capella una que
est edificata in honore s.ca Julia et est constructa in loco Kalaolo cum
omnibus decimis que ad ipsa Capella pertinentibus, vel cum omnibus
dotis et oblationis atque luminariis ex integris cum predicta decimationibus ad ipsa Capella pertinenti de villis et massariciis hoc sunt nomina
eorum in isto Kalendo Camposenasci, Sorlana, Saponico Badalaxi,
Campolo Ceredo, Besancia, Cruce, Claparia omnia et in omnibus tutu
Petimus in alio loco de sub Regimine Plebe de Varia loco ubi dicitur
Costa de Castro in casa martinasca; Livelana caxavo q.llena Casa Teren-
zasca, Zanica Kastro omnia et in omnibus supra scriptis villis vel massariciis cum omnibus decimationibus pertinent. Intn seu et petimus nos
petitores. Silvis Castanetis in loco Statali que ad ipsa Capella pertinent.
Intn ita tamen ut inferamus vobis vel successoribus vestris exinde pensionem per unum quemque anno solido VIIII et D.r IIII optimi dati
ipsi d.en in Civitate Janua Castaldinus ipsius Episcopi suisque successoribus per se ipse Teudixe suisque filiis mascul vel eorum misso. Similiter nos petimus supra scripti petitores res juris Ecclesie vestre S. Lau-
rentii quae posite sunt in finita sigistrina, loco ubi dicitur libriole hoc
est Curticella cum Capella constructa cum casis Massariciis et omnibus
rebus ad ipsa Curticella pertinentibus coerencias vero de predictis rebus
da una parte fine Roca qui d.r inzalla; da alio latere fine Gropo marcio
descendente p. rio qui currit de Gauselia et desuper via pubblica que currit da lo Copello et Gaxano descendente per aqua de Scablona de suptus
fossadello qui descendit de Terriccio in Lignone et ibi nominat. favarido et
in Vineli et in Cunimelia et in Caovario vel p. aliis celeris locis tantum
petimus nos predicto Teudix de soprascriptis servis et ancillis preter quod
superius antepositum est et de supra scriptis casis et omnibus rebus et de
predictas capellas cum predictis decimationibus ad earum pertinentibus
sunt antea detinet quondam Ansaldo genitor suus. omnia et in omnibus
plenum et vacuum Intn id sunt casis vineis castanetis, ficetis, olivetis,
roboretis aliisque, arboribus fructiferis et infructiferis, silvis campis et
pascuis, omnia sicut superius decernitur Im tm tamen ut inferamus
vobis vel a Canonicis qui ordinati sunt in Ecclesia S. Laurenti vel a
successores illorum per unum quemq. annum pensionem sol. VI dati.
Ipsi Denariis in kalendis Jan. eidem Can. vel a suorum q. successores
aut super altario ipsius Ecolesie ponantur. Spondimus in Dei nomine a-t*

que promittimus supra scriptis servis et ancillis regere et gubernare et supra scriptis reb. meliorare et jamdictas ditas Ecclesia regere et gubernare et pensionem Ecclesie vestre vobis vel successoribus vestris vel Canonicis per unumquemque anno inferre quod si minime fecerimus de quod superius repromittimus tunc liceat vos vel successores Ecclesie vestre suprascriptis servis et capellas in istis rebus introire et cui volueritis dare in vestra sit potestate post obitum nostrum vel filiis nostris in jus et dominio S. Ecclesie revertatur cujus est proprietas. Unde si placet haec petitio nostra et hunc libellum scriptum et manus vestra firmatum nobis contradere jubeatis facto petitorio mense marcius Indic. quartadecima Imperante d.no nostro. Cunrado in Italia anno IIII. Indic. ista feliciter. Unde duo libelli uno tenore scripti sunt. Actum in valle Lavania feliciter.

LANUDULFUS *Episcopus in hoc libello subscripsit.*

(1) *Montoio* ha il Manoscritto; Muntèuggio dicesi in dialetto genovese e scrivesi in italiano Montobbio e da taluni Montoggio.

(2) Non bene si contenne quel fuoruscito entrato col Pescara, e cogli Adorno, e saccheggiando, e trucidando gli avversari. Fu riputato il migliore perchè ajutò molto il Doria nella riforma del 1528.

(3) Portava anche costui il nome di Gio. Luigi. Ch' ei ricevesse doni, gli Storici non lo affermano, ma riferiscono, che tal fosse l'opinione del popolo, che perciò mortalmente ferillo.

(4) La parola *proprietà* non pare qui a proposito; ma essa è in tutt' i codici da me consultati.

(5) Cioè a quell'ora.

(6) Parlava assennato, perchè il professore Scarabelli assicurami d'aver letto nell' Archivio Mediceo di Firenze una lettera scritta da B. Buoninsegni del 16 giugno 1547 dalla Francia ove risiedeva, dalla quale apparisce non avere avuto Gian Luigi coi fratelli più di *otto mila* scudi d'oro i quali tutto ragguagliato, oggidì non equivarebbero forse a *dugento mila lire* italiche.

(7) Molti Storici, e tra essi l'Annalista genovese Filippo Casone negava che Gian Luigi avesse intelligenza collo Strozzi, e vogliono anzi che lo fuggisse; ma anche la relazione del Sacco conferma l'asserzione del Capelloni.

(8) Alessandro Farnese, che fu poi Paolo III, fu fatto Cardinale Diacono nel 1493, Legato ad Ancona 26 novembre 1502. Pier Luigi nacque il 19 novembre 1503. Ebbe poi un Paolo, un Ranuzio, una Costanza. Di Pier Luigi e di Paolo, Giulio II papa fece bolla di legittimazione l' 8 di luglio 1505.

(9) Calestano era sul Parmigiano; Borgotaro al confine della Diocesi piacentina, ma non dipendea che dall'Impero. Era in antico dei Malaspina, che nel 1189 lo vendettero al comune di Piacenza. Lo ottenne Innocenzo IV, che lo trasmise ai Fieschi, ai quali il confermò nel 1414 Gio-

vanni XXIII. Nel 1430 i Visconti il presero e diederlo a Nicolò Piccinino, ma estinta la casa riebberlo i Fieschi. I Landi padroni di molta parte della valle, ucciso il Farnese ebbero il Borgo e la Valle in Principato, e lo serbarono, sinchè Ottavio Farnese il tolse loro per sempre. Come lo perdesser i Fieschi vedi nota 31.

(10) Paolo Pansa fu letterato di qualche vaglia ai suoi tempi. Scrisse le vite d'Innocenzo IV, ed Adriano V Papi di casa Fiesca. Il Soprani nei suoi *Scrittori della Liguria* lo fa vivere sotto Clemente VIII invece del VII. Il Giovio lo lodò nel Dialogo II *De viris illustribus*; e varie ottave da lui composte trovansi inserite nella Raccolta di Poesie Italiane Parte II. Venezia 1569.

(11) Che il Farnese volesse vender le galere (e nota che il Capelloni sapeva, ch'era il vero, esser di Pier Luigi, non come tanti dissero del Papa) era voce più vecchia, perchè sin nel giugno era in trattato col Nipote dell'Arcivescovo Sauli. Domandavale in novembre Piero Strozzi, ma Pier Luigi rispondeva: sono in trattato col Sauli.

(12) No, scudi *trentaquattro mila*, ed ecco l'atto pubblicato nella *Guida ai Monumenti Storici, Artistici di Piacenza, di Luciano Scarabelli* p. 89, dalla quale lo tolgo.

« MDXLV addì XXIII di no.bre

« Per li Mag. sig. Pauolo Pietro guidi Presidente della Camera duca » di Piacenza et Parma et Jo batista liberati Thex. et Maestro dellentrate » duc. predette si vendino quattro galere del S. duca di Piacenza et Parma » allo Ill. S. Gio. Luigi del fiesco con li cap. li patti et conventioni in- » fre et primo.

» Per sua ecc.ª dano et vendino le dette quatro galere cioè la Capita- » nea, la Victoria, S. Catherina et la prona (*padrona*) di quella qualità et » sorte che sono, et con robbe fornimenti, schiavi et forzati, iusta lo » inventario fatto per m. Pietro Ceuli agente di sua ecc.ª et per m. An- » tonio Maria Marano agente del p.to s. conte quale inventario sera inserto » qui di questo tenor cioè; (*qui non è che una linea di vuoto; l'inven-* » *tario è a parte*).

» Intendendo però che li forzati condemnati a tempo li si danno co la » condizione che l'ha sua ecc.ª et de detto inventario se habbino da mi- » nuir forzati venticinque in circa liberati da S. S.tà doppo fatto detto in- » ventario et forzati venticinque in circa quali sono delli heredi del quon- » dam Capitanio Bartolomeo pereto da talamone, et mancando il numero » di essi forzati et schiavi, supplirà S. ecc.ª oltre il sopradetto numero » deli cinquanta in circa.

» Et più S. ecc.ª farà che sua S.tà condurrà tre de dette galere al sti- » pendio della Camera Apostolica per dui anni, et al p.detto S.or conte » darà il luogo che tenea l'Ill.mo S.or horatio suo figliuolo in dette galere, » intendendo che il soldo de dette tre galere cominci in persona del sop. » detto S. conte dal dì della consegna di dette galere ancora, che non » fusse fatto il contratto con la camera ap.lica e non prima.

» E il ss.to S. Conte promette per la compera e prezzo di dette quat-
» tro galere pagar a sua ecc. o a chi Lei ordinerà scudi trenta quattro
» milia d'oro in oro d'Italia daccordo, da pagarli nelli in.fri modi, et
» termini cioè, Il terzo alla consegnia d' esse galere, l'altro terzo alla fe-
» sta della Natività di N. S. de l'anno 1546 e l'altro terzo et ultimo alla'tra
» natività di N. S. de l'anno 1547. Prometendo essi S. al p.º S. de evictione
» in forma per detta vendita in nome di sua ex.ª

» Et il p.to S.or Conte in observatione delle predette cose se et suoi beni
» presenti et futuri, et in particolare per detti dui terzi che resterà esso
» S.or Conte, cioè di scudi ventidue milia sei cento sessanta sei et dui terzo
» di scudo dico V 22666. 2|3 obbliga et ypoteca in spetie et particolar-
» mente il luogo o vero Castello di Calestano di parmegiana con sue jur.ni
» et ptinentie intrate, et tutte et singole raggioni et actioni et farà che
» l'Ill. S. Hieronimo suo fratello, S.do et p. rono desso Castello, et luogo
» ratificarà la presente obblig.ne per in.stro in forma amplissima; fra detto
» termine della consegna da farsi di dette galere et di più darà idonea
» cautione oltra detto Castello et come di sopra ad ogni simplice req.sitive
» di S. ecc. per quella soma et quantità che a sua ecc. parera, dando ex
» nuc. us. licentia passato detto primo termine et non pagando la detta suma
» a su. ecc. di pigliarsi la poss.e ne di esso Castello et uts. di sua prop.
» auctorità et in quello stare vendere alienare contrahere et distrahere come
» meglio parerà a sua ecc. et nazi qualunque extimatione et liquidatione da
» esser fatta. Intendendo che in caso che sua ecc. pigliassi detto possesso
» di detto luogho et sua ecc. ni cavassi li proventi et frutti che non si
» possono compensare ni la sorte principale. Constituendosi fra tanto, detto
» S. Conte per se et per suo fratello tener e pos.dere detto luogho a
» nome di sua ecc. ed il medemo s'intenda per gli altri termini, obbli-
» gando se et soi beni in ampliss.ª for.ª della Camera ap.ca et cosl giu-
» rano le parti le predette cose vere et attenderle et observarle, volendo
» che se stenda al cossilio di sap. forma ampliss.ª

» Io Puolp.º Guidi Presidente della Camera di S. ex.tia affermo quanto
» è detto di sopra.

» Io Gio. bapt.ta liberati Thes·ro et m.º dentrat. d. s. ex.ª affermo quato di
» sopra se cotiene et per fed. me so sottoscritto di mano propria.

» Io Gioan luise Fiesco affirmo quanto di sopra di man propria.

» Visa. C. CAMPELLUS ».

L' originale di quest'atto e delle consegne trovasi nella Biblioteca Civica di Piacenza, alla quale donollo con molte altre carte storiche il profess. Scarabelli.

Dei forzati 300 erano perpetui, 185 a tempo, 188 fra turchi e schiavi; in tutto 673. Così da quella consegna.

(13) Mi rimetto all'atto qui sopra scritto.

(14) Ignorò il Capelloni il tempo vero di quel contratto, che rimase na-
scosto, finchè si pubblicò dallo Scarabelli nel 1841 nella *Guida ai monumenti di Piacenza.*

(15) Andrea Doria.

(16) Da questa data s' intende che il viaggio indicato dal Capelloni fu il secondo, perchè in Roma andò poco dopo soscritto il contratto col Farnese, ma andò solo. Nel 15 d'ottobre 1546 era in Piacenza e fu primo in un torneo.

(17) Nipote del Principe Andrea.

(18) Mancando nel testo la voce *partito* fu da me aggiunta per metterlo in chiaro.

(19) *Violato* ha il Capelloni, e così altre carte, ma la vera dizione è *Via lata*. È questo il titolo d' una chiesa cardinalizia di Roma, ed il Cardinale Luca Fieschi del titolo di S. Maria in Vialata volle dar questo nome alla chiesa ch' egli fondò sul poggio di *Viovà* (Violarium) in Genova nel 1336; e la somiglianza dei due nomi fece a molti confondere il luogo (*Viovà*) col titolo comune (*Vialata*). Vedi Schiaffino, Spotorno ec.

(20) Giulio Cibo sposò una sorella di Gianettino Doria, ed era altresì cognato del Fieschi per la costui moglie. Congiurò anch' egli nel 1547, e come io nella prefazione accennai il Capelloni anche quella Congiura descrisse.

(21) Il Figuerroa, che il Capelloni più innanzi dice Fighero.

(22) Altri disse *della lana*; ma come errò in molte cose è poco credibile anche in questa. — È notabile il rifiuto, che altri direbbe, che fu accettazione. Vedi Botta.

(23) Molti hanno scritto della venuta di questa galera. Se galera venne certo non fu delle Farnesiane, perchè erano tutte a Civitavecchia quando furono staggite alla nuova della morte di Gian Luigi. Pare che gli storici confondessero le istanze di Fieschi per potere armare, con la propria comparsa della nave. Gianettino avea anzi comunicato a Gian Luigi per parte espressa di Cesare che non dovea armare.

(24) Già era un precipizio non aspettar che Pier Luigi ponesse in buon luogo i *quattro mila* uomini promessi, e che già aveva armati (altri tre mila francesi dava Renata Duchessa di Ferrara), ma penso che fu, perchè erasi sparso da Piacenza sin in Germania e Spagna, che gravi cose meditavano il Farnese e il Fieschi, di che D. Ferrante Gonzaga aveva avvisato il Doria che non credè.

(25) Qui il Capelloni dimentica la parte che rappresenta. Sta ch'egli imperiale nominasse il Farnese *Duca di Castro*, come l' Imperatore che non volea concedergli investitura di Piacenza e Parma, cose papali, e a quel modo nominava Pier Luigi, ma il Fieschi amico al Farnese e suo vassallo, in mano a cui avea giurato, nol poteva, che dir *Duca di Piacenza*. L'aringa del Fieschi non è tutta rettorica dello Scrittore, poichè in tutti comincia colla medesima frase.

(26) La fede nella influenza della congiunzione de' pianeti era universale allora; la Chiesa non vi poteva nulla, perchè vi credevano cardinali e papi.

(27) Il Capelloni è in questo luogo spinto dall' idea della predestinazione, che in quei tempi tanto agitava le menti, e che in tutto volevasi vedere.

(28) I due Ducati di Pier Luigi, allora erano ridotti alle due città con poco territorio, essendo fra l'una e l'altra il grosso stato dei Landi, il più grosso dei Pelavicini, parecchi feudatarii, i quali più ricchi e forti di lui non lo obbedivano.

(29) Intendi: il Doria.

(50) Quel dì 4 medesimo; e l'eletto fu *Benedetto Gentile*, sotto il cui dogado si fece la riforma di stato detta del *Garibetto*, perchè il Doria favellando di questa nuova riforma solea ripetere: *voglio dar garbo* (*garibo* in dialetto genovese) *alle leggi del ventotto*; e quindi per ischerno del *garibetto*. Essa suscitò le discordie del 1575, perchè le elezioni a voti per essa stabilite davano il governo quasi intieramente nelle mani dei nobili antichi. (Vedi Lercari, Discordie genovesi del 1575, illustrate con note e documenti da Agostino Olivieri. Genova 1857).

(51) Fu detto alla nota (9), che Borgo di Val di Taro non era feudale al Farnese, ma all'Imperatore. Appena sfumata la Congiura Fieschina, Scipione e Cornelio bastardo de' Fieschi vi si ritrassero con mille uomini. Scipione consigliò i Borghigiani di accettare per amor di Fieschi di passare in custodia di Pier Luigi Farnese, e Cornelio vi rimase in presidio. Pier Luigi mandò sue genti, e suo commissario, e quando Ferrante Gonzaga mandò gente, ebbe in risposta che Pier Luigi già tenevalo per l'Imperatore. I Landi che pretendevano esser padroni di tutta la valle ucciso Pier Luigi, se ne insignorirono a nome dell'Imperatore, e l'Imperatore fecene, come si disse, per loro un Principato.

(52) Altri dice, che questa somma fu l'offerta al Fieschi, perchè cedesse Montobbio, e se ne andasse. È verisimile che tal fosse, e fallito il disegno il Senato decretasse quella somma spendersi alla espugnazione.

(55) Per giungere a Montobbio le due vie principali sono: quella del Bisagno, che oltrepassato tal torrente mette a Molasana, e quindi pel Monte Creto ad Acqua fredda, ove comincia il territorio di Montobbio. Ma per giungere al Castello dei Fieschi vi è ancora un'ora e mezzo di cammino tra balze e dirupi. Il tratto poi da Molasana alla cima del Creto bisogna traversarlo, per intendere quanto è scosceso. L'altra via partendo da Busalla costeggia la Scrivia, che a Montobbio dalla riunione del Laccio, colla Pentemina riceve tal nome. Essa è naturalmente più commoda perchè distesa per una valle, ma assai più lunga, della prima.

(54) Nè il Farnese si mosse. Lasciò che dal Valtarese andassero aiuto a Montobbio, e per via i Valnuresi, e quei di Val Trebbia noiassero gl'imperiali, ma più non fece. Paolo III avea per pretesa di spoglio ecclesiastico anni innanzi presa a Imperial Doria vescovo di Savona, morto in regno di Napoli il redaggio lasciato al Principe Andrea, Gianettino rifattosi colle navi di Pier Luigi che allora erano tre, il papa arrestati per ira i mercanti genovesi in Roma; tutto era finito colla divisione dello spoglio. Doria fu di quelli, che pensò non doversi dar Milano a Pier Luigi, come il papa chiedeva, e Gonzaga si opponeva. Quindi le odiosità. Il papa scrisse al Doria condolendosi della morte di Gianettino, poi gli fece offrire la compra delle galere ch'ei rifiutò, ma non si oppose a che si accettassero in compra da

Adamo Centurione. Ucciso il Farnese, il Doria raschiò dalla lettera papale il nome di Gianettino, e vi scrisse quel di Pier Luigi e la spedì al papa.

(35) Il Verina era converso a Girolamo Fieschi, chiusosi in Montobbio.

(36) Non è il Sacco che parla in questa relazione, ma un amico che da lui la ebbe così precisa. Il codice che la contiene racchiude molte altre scritture del tempo e mi fu gentilmente favorito dal mio dotto amico P. Amedeo Vigna dei Predicatori.

(37) Per influenza pretina ebbero i Fieschi la Signoria di Crevacuore e Masserano, perchè Giovanni Fieschi vescovo di Vercelli e Cardinale l'ottenne da papa Bonifazio IX per Antonio suo fratello. Mancata la linea mascolina di quei Fieschi, Crevacuore come Masserano passarono ai Ferreri.

(38) Il Cardinale Agostino Triulzi milanese. Ciò avverto, onde altri nol confonda col Cardinale Scaramuccia Triulzi.

(39) La meschina cerca con questa lettera di ottener grazia al fratel suo Girolamo; ma i tempi correvano di ferro, e la grazia sebbene promessa non venne.

(40) Da essa rilevasi, come anche in Piemonte si favoreggiasse la Congiura del Fieschi.

(41) Allude all'avversione costante tra Genovesi e Savonesi strana per certo, se considerasi non esservi proporzione tra le due città.

(42) Notai nel mio volume *Carte e Cronache Manoscritte per la Storia Genovese* pag. 89, che in una raccolta di Documenti che ha la Biblioteca della R. Università di Genova, havvi copia di una lettera di Carlo V Imperatore ad Andrea Doria, nella quale gli dà facoltà di concedere alla Repubblica il Castello di Montobbio, Roccatagliata e Varese, purchè essa tolga ad espugnare il primo. La lettera è spagnuola e fu scritta il 9 marzo 1547. Segue quindi il diploma di Andrea Doria, che dà il possesso di quei luoghi alla Repubblica.

(43) In un codice della Biblioteca Civica Berio, che contiene scritti varî del XVI secolo rinvenni trentacinque ottave sulla congiura del Fiesco. Esse non hanno importanza storica, e possono riguardarsi come un saggio di fantasia, come può rilevarsi dalle poche che qui pubblico.

I.

Anime ch'ai disir vostri ribelle
    Fortuna aveste ed aspra morte amica
    Che per farve nel mondo eterne e belle
    Non recusaste corporal fatica,
    Voi chiamo non chi fu timido e imbelle
    Che a loro un vil metallo mal s'applica
    Onde sarete poche al mio cantare
    Che rara e vera gloria in pochi appare.

XX.

Se pur sei morto illustre Conte ed atto
 Con tuoi bei modi 'n farti quel Signore
 Che tu volessi , che t' eri fatto
 Non ti rincresca d'esser di vita fuore
 Come s'imbocca il topo avendo il gatto
 Improvvisa ruina fa che il more
  Morendo con vittoria in alta impresa
  Mi par che allor la vita sia ben spesa.

XXI.

E se l' alto e magnanimo desire
 La fallace fortuna fece vano
 Non vi si può imputar non si può dire
 Che v' abbi offeso alcun valore umano
 Che per voler nel mondo voi ferire
 Non era in terra così ardita mano
 Ma un elemento solo ebbe per sorte
 Da farsene sepolcro e darvi morte.

XXII.

A gran pianto e dolor restiamo noi
 Che seguitiam vostre vestigie in terra
 Per che rimasti siamo senza voi
 Che padre erate agli uomini di guerra
 Como se senza i chiari raggi suoi
 Lasciasse il sole in tenebre la terra
 Che sera senza voi mai più giocondo
 Spento il vostro valor fu oscuro il mondo·

XXIII.

Ben da tenere il cor sempre in singulti
 Ha vostra bella moglie, e gli occhi in pianto,
 In sospiri la bocca, e i crin disciolti
 E sempre avvolta sotto un nero manto
 Che quei piacer le son da morte tolti
 Quai sempre aveva avendovi al suo canto
 In qual cittade villa piano o monte
 Fia che vi trovi un altro simil conte.

XXIV.

Piangendo sua bellezza si contrista
  Qual tortorella la cara compagna
  Chi fuggie il verde e sempre in seco è vista
  Ne in chiare e lucid' onde più si bagna
  E da quell'ora ne rimase trista
  Quando voi gli diceste che non piagna
  Che quella notte sua bellezza fora
  O discontenta al mondo, o gran Signora.

INDICE

—

OPERE STORICHE GENOVESI

CHE SI TROVANO NELLA STESSA LIBRERIA

—

Carte e cronache manoscritte per la Storia Genovese esistenti
nella Biblioteca della R. Università Ligure, indicate ed illustrate per Agostino Olivieri. 1 vol. 8. Genova 1855.   L. 3. 50

Lercari Gio. Batta. Discordie genovesi del 1575, illustrate con
note e documenti da A. Olivieri. Genova 1857.

Compendio della Storia di Genova per uso della gioventù fatto
da L. Foresti. 1 vol. 12. Genova 1857   .   .   .   .   » 2. —

Il Duomo di Genova illustrato e descritto da G. Banchero. 1
vol. 12. Genova 1855 , ...   » 4. —

La Tavola di bronzo, il Pallio di seta ed il Codice Colombo
americano nuovamente illustrato per cura di G. Banchero.
1 vol. 4. Genova 1857.   .   .   .   .   .   » 50. —

Storia della Repubblica di Genova dalla sua origine fino al
1814, scritta da C. Varese. 8 vol. 8. Genova 1841 .   » 25. —

Descrizione di Genova e del Genovesato. 5 vol. 8, illu-
strati di carte e piani. Genova 1846.   .   .   .   » 56. —

Storie Genovesi del secolo XVIII per Emanuele Celesia.
1 vol. 8. Genova 1855   .   .   .   .   .   .   » 5. —

DI PROSSIMA PUBBLICAZIONE

Olivieri Agostino — Monete e medaglie della famiglia d'Oria pos-
sedute dalla R. Università di Genova, descritte ed illustrate.